▶ 信息技

Python
程序设计入门

胡正勇 卓培工 陈润祥◎编著

SPM 南方出版传媒

全国优秀出版社　全国百佳图书出版单位　⑥ 广东教育出版社

·广 州·

图书在版编目（CIP）数据

Python程序设计入门 / 胡正勇，卓培工，陈润祥编著. —广州：广东教育出版社，2020.8

ISBN 978-7-5548-3348-3

Ⅰ．①P⋯　Ⅱ．①胡⋯　②卓⋯　③陈⋯　Ⅲ．①软件工具—程序设计—中学—教学参考资料　Ⅳ．①G634.673

中国版本图书馆CIP数据核字（2020）第118199号

责任编辑：陈晓红　周启毅
责任技编：姚健燕
装帧设计：苏永基

Python Chengxu Sheji Rumen
Python程序设计入门

广 东 教 育 出 版 社 出 版 发 行
（广州市环市东路472号12—15楼）
邮政编码：510075
网址：http://www.gjs.cn
广东新华发行集团股份有限公司经销
佛山市浩文彩色印刷有限公司印刷
（佛山市南海区狮山科技工业园A区）
787毫米×1092毫米　16开本　10印张　200 000字
2020年8月第1版　2020年8月第1次印刷
ISBN 978-7-5548-3348-3
定价：49.00元
质量监督电话：020-87613102　邮箱：gjs-quality@nfcb.com.cn
购书咨询电话：020-87615809

前　言

2017年7月，国务院印发《新一代人工智能发展规划》，明确指出在中小学阶段开设人工智能相关课程，推广编程教育。在2017年版的《普通高中信息技术课程标准》中，大幅度提升了编程、计算思维、算法等知识要求。2018年，有省市率先将编程纳入高考，编程课程将全面进入中小课堂。

麻省理工学院教授米切尔·雷斯尼克说："当你学会编程，你会开始思考世界上的一切过程。"编程可以帮助学生锻炼逻辑思维能力，成为他未来最重要的技能之一。如果学生从小就开始学习编程，那么他就可以从一个可能沉迷游戏的使用者，变成了喜欢开发游戏的研发者。

编者作为信息技术教师，从事信息学奥赛辅导多年，信息学奥赛是一项以算法和编程为考核内容的比赛。我们见证了很多学生，因为爱上编程，最终改变了人生。

Python语言具有简单、易学、兼容性强等特点，是人工智能时代最合适的编程语言，已成为青少年学习编程的首选。

本书是编者在本校开设Python课程的基础上，整理讲义、案例所得。由于编者的研究深度有限，书中错误和不妥在所难免，恳请学界同仁和广大读者批评指正。

编者

2020年6月

目 录

第7章　列表和元组

第8章　字典和集合

第9章　函数

第10章　类和对象

第1章　计算机编程基础知识

说起计算机编程，很多书籍或者网络资料都是直奔主题，立即讲解某种计算机语言的语法。对于初学者，特别是中学生来说，他们对计算机编码的内部机制一窍不通，一开始接触语言语法学习，也许没有多大问题，但是随着后面内容难度的增加，就会发现对于某些代码为什么是这样的编码方式，心中难免有疑问，进而影响学习后面的内容，甚至中途放弃。故本书在讲解Python语言语法前面，先介绍计算机编程基础知识。本章将从计算机存储单位、二进制转化、ASCII表和字符编码等内容讲起，希望让每一位读者能够对计算机编程的原理有所了解，进而对学习后面部分章节有所帮助。

1.1　计算机存储单位

对于计算机存储单位，大家其实不是很陌生，平时我们用的U盘有多大，大家都能说到GB这个单位。下面列举几个大家常见的计算机存储单位，并重点介绍字节和位。

1 TB=1024 GB

1 GB=1024 MB

1 MB=1024 KB

1 KB=1024 B

1 B= 8 b

在上面等式中，有些初学者会觉得奇怪，为什么是1024，而不是用整齐的数字1000？要解释这个问题还得从计算机工作的原理说起。大家都知道，计算机是由大量的电子元器件组成的，在这些电子元器件中，电路的通和断、电位的高和低，用两个数字符号"1"和"0"来分别表示容易实现。同时二进制的运算法则也很简单，因此，在计算机内部通常用二进制代码来存储、传输和处理数据。1024这个数字等于2的10次幂，就是这个由来。

上面五个等式中，最后一个等式与众不同，它的换算方式不是1024，而是数字8，这是为什么呢？同时你也看到大写字母B和小写字母b两个存储单位，它们又有什么区别呢？我们先来解释后一个问题。其实大写字母B在计算机存储单位中称作"字节"，而小写字母b称为"位"（又称"比特"）。1个字节等于8位。所谓"位"，你可以理解为一个小格子，这个小格子可以填0或者1两种信息。下面将列出1至4个格子能够存储的信息量。

$\square$ 填0或者1两种信息，刚好等于2^1

$\square$ $\square$ 填00,01,10,11四种信息，刚好等于2^2

$\square$ $\square$ $\square$ 填000,001,010,011,100,101,110,111八种信息，刚好等于2^3

$\square$ $\square$ $\square$ $\square$ 填0000,0001,0010,0011,0100,0101,0110,0111,1000,1001,1010,1011,1100,1101,1110,1111十六种信息，刚好等于2^4

由于篇幅原因，这里只是列出1至4个格子存储的信息量，如果有8个格子，也就是1个字节可以存储多少种信息量呢？是不是2的8次幂，即256种信息，是不是很简单？

接下来，我们来解释为什么1个字节等于8位。所谓字节，原意就是用来表示一个完整的字符。最初的计算机性能和存储容量都比较低，所以普遍采用4位BCD编码处理数据运算，也就是0~9，加上运算符号，4 bit就足够了。比如用0000表示0，0001表示1，0010表示2，以此类推。BCD编码表示数字0~9还可以，但表示字母或符号就很不好用了，需要用多个编码来表示。后来加入了字母、程序符号等，8 bit也就足够了，而这时诞生了ASCII编码的标准，大家就说把8bit表示出来的值叫作字节（Byte）吧，于是就有了字节这个单位。

关于ASCII表编码，本章第三节会有详细讲解。其实关于1个字节为什么等于8位，也有另一种解释。我们都知道计算机的计算数据和指令，最终都要通过CPU来执行。CPU的发展历程从原来的8位、16位，逐渐发展到现在的32位和

64位。8位的CPU，一次只能处理8位的数据，比如"00001101"，也就是每次从内存读取的数据不多不少刚刚好8位，所以后来就规定1个字节等于8位。

1.2　数学进制法

计算机编程离不开数学，有人说，"计算机程序设计学得好的人，数学一定不差"，这句话还是有一定道理的。如果大家对计算机编程历史有一定的了解的话，会发现很多数学大咖其实也参与其中，特别是在编写高难度的算法时，里面就涉及很多高等数学、线性代数、离散数学等内容。计算机科学是数学的一个分支，如果大家高中数学学得不错，建议可以看《具体数学》和《组合数学》两本书，这对我们以后学习编程算法大有益处。

作为本书以及本章的第一部分，不会涉及太多高深的数学，我们会力求以通俗的语言来讲解这些知识点，也希望大家能够多思考，通过联系上下文，多归纳总结，这样才会进步得更快。

在本章第一节讲到计算机是一种电子计算工具，它以二进制的方式存储、传输和处理数据。电脑系统中的文件、软件、图片等信息最终在电脑硬盘的存储形式其实就是0和1的数字符号，我们现在能够这么方便操作电脑硬盘的数据，得益于操作系统的更新换代。可视化的图形化操作界面系统，方便了普通用户进行操作。既然存储在电脑上的所有东西都是0和1的数字符号，那么如何把现实生活的内容数字化到电脑硬盘中呢？

接下来我们来讲解十进制转化二进制。对于十进制数，我们是再熟悉不过了，逢十进一。例如 $(9)_{10}$+ $(1)_{10}$= $(10)_{10}$。个位的9加上1之后变成了两位的10，小括号下面的10表示的是小括号里面的数字是十进制。而对于二进制，它是逢二进一。比如说我们以二进制的一个字节加上另一个二进制的一个字节：

$(00000001)_2$+ $(00000001)_2$= $(00000010)_2$

同样小括号下面的2表示小括号里面的数字是二进制，下文类同。

十进制整数转换为二进制整数采用"除2取余，逆序排列"法。具体做法是：用2去除十进制整数，可以得到一个商和余数；再用2去除商，又会得到一个商和余数，如此进行，直到商小于1时为止，然后把先得到的余数作为二进制数的低位有效位，后得到的余数作为二进制数的高位有效位，依次排列起来。

如把十进制数98转成二进制数，其计算过程步骤如下：

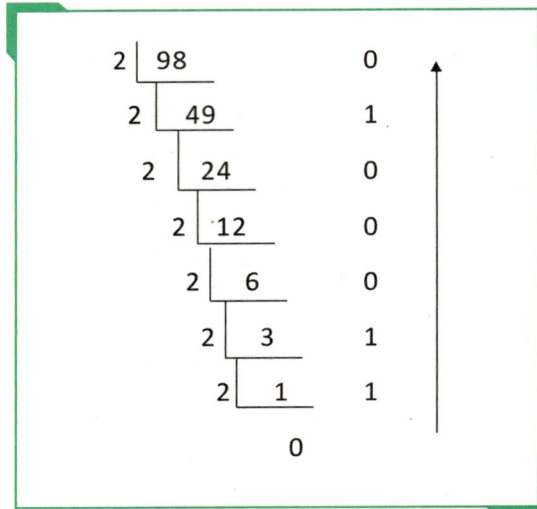

（98）$_{10}$=（01100010）$_2$ 注意这里二进制数中最左边是高位，最右边是低位，我们对98进行除2取余数，最终是从下面倒序排列，但由于求出来只有7位，为了满足一个字节8位的特点，我们特意在前面补上了0。

知道了十进制数如何转化为二进制数，那么二进制数怎么转化为十进制数呢？其实二进制数转化为十进制数，每一位都有一个权值，请看下面的计算过程，例如把（00010101）$_2$转成十进制数，最右边的1的权值为2^0，中间那个1的权值为2^2，最左边的1的权值为2^4，所以：

（00010101）$_2$=$1 \times 2^4 + 0 \times 2^3 + 1 \times 2^2 + 0 \times 2^1 + 1 \times 2^0$ =16+4+1=（21）$_{10}$

仔细观察，发现每一位二进制数的权值都不一样，而且每一位的权值跟2的某次幂有联系，由这一位右边有多少位二进制数决定。大家可以把十进制数的21按照上面的十进制转二进制除2取余方法进行验证，好好体会进制之间转换的关系，同样也可以用上面二进制转十进制的方法把（01100010）$_2$转换为十进制数，看是否等于98。

熟练掌握了上面的方法，接下来进行其他进制的转化应该就没有难度了。我们接下来尝试将十进制数转换为十六进制数、八进制数，有时候在表达一些数字的时候，我们会经常用到这两个进制，所以在这里跟大家讲解一下。我们同样将十进制数98转换为十六进制数，其计算过程如下：

```
    16 | 98        2  ↑
        16 | 6      6  |
             0
```

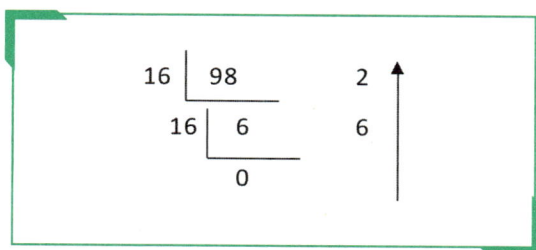

（98）₁₀=（62）₁₆可以看到其计算过程与十进制转化为二进制过程类似，只不过此时的除数为16，也就是我们要转为的进制。学习到这里，大家不妨想一想十进制数98转化为八进制数的计算过程，在草稿纸上算一算，再对比一下下面的答案。

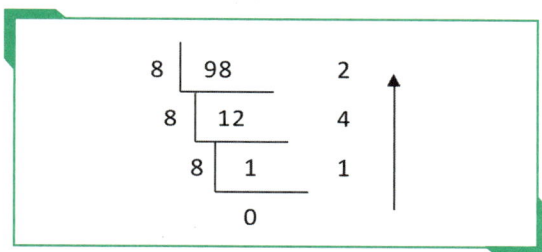

```
    8 | 98         2  ↑
       8 | 12      4  |
           8 | 1   1  |
                0
```

（98）₁₀=（142）₈，到此，把一个十进制数转化为某进制的数，大家应该都掌握了吧？只要找出规律，其实不是很难，学习就是这样，我们要善于总结方法和规律，然后再把这些方法和规律运用到实践中，去验证，去实践，碰到问题不要妥协，多思考、多反思我们的方法，并不断调整和优化，这样才能学得更多，走得更远。

我们已经学习了十进制转换为二进制、八进制和十六进制，也接触了二进制转换为十进制。现在我们来解决八进制和十六进制转换为十进制的问题，建议大家思考一下之前是怎样把一个二进制数转化为十进制数的，能否得到一些启发？把一个八进制数或十六进制数转换为十进制数的过程，跟二进制数转换为十进制数的过程是差不多的，它们都需要乘以某一个权值。在二进制中，我们是乘以2的某次幂，所以在八进制中，得乘以8的某次幂，在十六进制中，得乘以16的某次幂。具体请看下面的计算过程：

$（4071）_8 = 4 \times 8^3 + 0 \times 8^2 + 7 \times 8^1 + 1 \times 8^0 = 4 \times 512 + 56 + 1 = （2105）_{10}$

$（A70）_{16} = 10 \times 16^2 + 7 \times 16^1 + 0 \times 16^0 = 10 \times 256 + 112 + 0 = （2672）_{10}$

在这里权值是8的多少次幂或是十六进制的多少次幂，跟这位数字右边有多少位有关。学习到这里，相信大家对某进制转化为十进制的方法和规律已经了然于心了。

接下来我们来学习计算机数值的原码、反码和补码。因为在计算机中，数值是以补码的方式存储的。在n位的机器数中，最高位为符号位，该位为0表示为正，为1表示为负。其余n-1位为数值位，各位的值可为0或1。在这里我们假设机器的位数n=8,也就是刚好等于一个字节。数值17的原码其实就是把十进制数17转化为二进制数。所以数值17的原码为（17）$_{10}$=（00010001）$_2$，注意二进制数00010001的最左边是0，表示此时17是正数。计算机规定：当值为非负数时，原码、反码、补码数值位完全相同。也就是说，数值17在这台8位的计算机的存储形式就是00010001，00010001就是表示数值17。当值为负数时，情况就比较复杂。当值为负数时，规定：

原码的数值位保持原样。

反码的数值位是原码数值位的各位取反。

补码则是反码的最低位加1。

注意符号位不变。同样我们假设计算机的位数为8位。

-17的原码为**1**001 0001

-17的反码为**1**110 1110

-17的补码为**1**110 1111

注意上面二进制数最左边1位加粗的是符号位，符号位整个过程保持不变。-17在这台8位的计算机的存储形式就是1110 1111, 1110 1111代表的是-17。大家可以尝试计算-1在计算机的存储形式，也就是求-1的补码形式。

1.3　符号编码

在上一节中，我们学习了数学进制法，同时也了解到数值在计算机是以补码的编码方式存储的。在本节中，我们一起来学习符号编码，具体将围绕字符编码和文字编码来展开。

1.3.1　字符编码

计算机是美国人发明的，我们先来解决英文字母等简单符号在计算机中的编码，然后再来学习中国汉字编码的解决方法。这里的字符编码包括大小写字母、空格、换行、小括号、逗号等，可以这么说，字符编码就是我们现在用的键盘那些符号在计算机内部的存储形式。例如字母"a"在计算机中存储的0和1有多少位，以及0和1是怎么排列的。

两台计算机要互相通信发送一些消息，彼此之间都要约定一些规则，才能了解对方传过来的0、1数字符号所要表达的信息。如果每个人都有自己约定的一套编码方式，那么大家如果要想互相通信的话，必然会造成混乱。这就像军事战争一样，如果你拿到敌方加密的通信内容，而不知道它的解密编码方式，是无法知道敌方通信内容所要传达的信息。

为了让大家互相通信而不造成混乱，美国有关的标准化组织就出台了ASCII编码，统一规定了这些符号用哪些二进制数来表示，如下图1-1：

ASCII 表

ASCII值	控制字符	ASCII值	控制字符	ASCII值	控制字符	ASCII值	控制字符
0	NUT	32	（space）	64	@	96	、
1	SOH	33	!	65	A	97	a
2	STX	34	"	66	B	98	b
3	ETX	35	#	67	C	99	c
4	EOT	36	$	68	D	100	d
5	ENQ	37	%	69	E	101	e
6	ACK	38	&	70	F	102	f
7	BEL	39	,	71	G	103	g
8	BS	40	(	72	H	104	h
9	HT	41	)	73	I	105	I
10	LF	42	*	74	J	106	j
11	VT	43	+	75	K	107	k
12	FF	44	,	76	L	108	l
13	CR	45	-	77	M	109	m
14	SO	46	.	78	N	110	n
15	SI	47	/	79	O	111	o
16	DLE	48	0	80	P	112	p
17	DC1	49	1	81	Q	113	q
18	DC2	50	2	82	R	114	r
19	DC3	51	3	83	S	115	s
20	DC4	52	4	84	T	116	t
21	NAK	53	5	85	U	117	u
22	SYN	54	6	86	V	118	v
23	ETB	55	7	87	W	119	w
24	CAN	56	8	88	X	120	x
25	EM	57	9	89	Y	121	y
26	SUB	58	:	90	Z	122	z
27	ESC	59	;	91	[	123	{
28	FS	60	<	92	\	124		
29	GS	61	=	93	]	125	}
30	RS	62	>	94	^	126	~
31	US	63	?	95	_	127	delete

▲ 图1-1

ASCII表使用一个字节来代表这些字符，但是最高位默认为0，也就是只用最右边的7位，所以2^7等于128，所以图1-1就是128种符号。其中0～31及127（共33个）是控制字符或通信专用字符，如LF(换行)、CR(回车)、DEL(删除)等，它们都没有特定的图形显示，但会对文本显示造成不同的影响。32～126(共95个)是字符（32是空格），其中48～57为0到9十个阿拉伯数字。65～90为26个大写英文字母，97～122为26个小写英文字母，其余为一些标点符号、运算符号等。

通过图1-1的表格，大家会发现：数字的ASCII码 < 大写字母的ASCII码 < 小写字母的ASCII码。128种符号编码，大家不必要记住那么多，你只要记住三个重要字符的编码数值就可以了，分别是字符"0"对应十进制数48，字符"A"对应十进制数65，字符"a"对应十进制数97，其他的数字字符和大小写字母字符以此类推。

字符"0"对应的十进制数是48，也就是说字符"0"在计算机的存储形式就是48的二进制形式，即00110000。根据上一节我们学习的内容，计算机以补码的形式存储数值，对于非负数，原码、反码和补码是一样的。所以数字0的原码为00000000，反码为01111111，补码为00000000，计算机在存储数字0时以补码00000000形式存储，这不是跟ASCII矛盾吗？

其实两者并不矛盾，都是对的。注意上文的描述，字符"0"的存储形式是00110000，数值"0"的存储形式是00000000，两者看上去确实是零，但数据类型不一样，一个是字符串类型，一个是数字类型。在计算机编程中，常用两种数据类型，分别是数字类型和字符串类型。数字类型跟我们平时数学中运用的数值是一样的。对于初学者来说，比较难理解的是字符串类型。不管是字词还是一句话，例如，"我是一名学生"，在Python语言中，凡是用一对双引号括起来的内容都是字符串。两个字符串可以通过加号拼接成为一个字符串。例如，"我是"＋"一名学生"最终将会变成"我是一名学生"，也就是两句话拼接成一句话。所以"7"＋"1"最终将会变成"71"，而不是等于数值8。这里的"71"应该读成"七一"字符串，而不是"七十一"。关于字符串类型，我们后面将会讲到，这里就点到为止。

1.3.2　汉字编码

中国文字是历史上最古老的文字之一，也是至今通行的世界上最古老的文字，它对中华民族文化的传承和记载起到了举足轻重的作用。ASCII表才表示128种字符，就算把它最高位也算进去，1个字节也只能代表256种信息而已，而中国汉字常用的就有三四千个，所以1个字节是无法存储完的。

1980年，我国制定了《信息交换用汉字编码字符集》（GB 2312—80），规定了在计算机中一个汉字用两个字节的编码表示。在该编码中，共收录汉字和图形符号7445个，其中一级常用汉字3755个（按汉语拼音字母顺序排列），二级常用汉字3008个（按部首顺序排列），图形符号682个。

在GB 2312—80规定中，全部国标汉字组成一个94×94的矩阵。在此矩阵中，每一行称为一个"区"，每一列称为一个"位"。于是构成了一个有94个区（01~94区），每个区有94个位（01~94位）的汉字字符集。区码与位码组合在一起就形成了"区位码"，唯一地确定某一个汉字或符号，如图1-2。

位 区	01	19	20	21	22	23	94
01	……	……	……	……	……	……	……
……	……	……	……	……	……	……	……
16	啊	吧	笆	八	疤	巴	剥
17	薄	鄱	笔	彼	碧	蓖	炳
40	取	腐	却	鹊	权	确	叁
94	……						

▲ 图1-2

例如，"啊"字的区位码是1601，区位码是汉字与数字对应的编码方法，是一种输入法，类似我们平时用到的拼音输入法。对于区位码输入法，如果要用它作为输入法，就不是那么方便了，因为要记住94×94这么多信息是一件不容易的事情。既然区位码使用起来不方便，为何还要在这里提到它呢？那是因为它对我们理解汉字的机内码有帮助。

我们知道有很多汉字输入法，例如拼音输入法、五笔输入法、手写输入法、语音输入法等。不管用哪种方法，最终输入的同一个汉字在计算机的机内码都是一样的，也就是计算机以这个二进制数代表这个汉字。区位码转为机内码很简单，只要遵循下面公式即可：

内码：　　　　内码高字节=区码+（10100000）$_2$

　　　　　　　内码低字节=位码+（10100000）$_2$

▲ 图1-3

　　图1-3右边第一行00010000 00000001是区位码1601的二进制表示法，其中16是高字节，01是低字节，第二行是区位码转化为机内码要加上的数10100000，最后第一行加上第二行就得出第三行。所以"啊"的机内码为10110000 10100001，也就是（B0A1）H，其中，H表示括号里面的数字是十六进制表示法，跟我们上文的（B0A1）$_{16}$是同样的表示方法。

　　关于汉字的编码方式，除了上文提到的输入法和机内码，还有输出方式。计算机是怎样实现汉字的输出的？实际上就是汉字的字型码，它是由汉字的字模信息组成，图像可以用点阵、向量等方式组成。每个汉字实际上就是一幅画，画由若干不同颜色的点组成，汉字也是由若干的点来组成的，因此在计算机中显示或输出汉字就是通过在一个区域中把若干的点设置为发光或不发光来实现的。

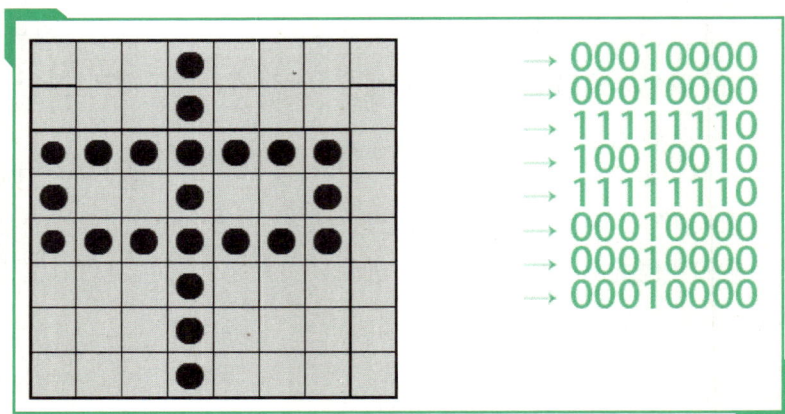

▲ 图1-4

如图1-4，输出这个字型码需要8×8位二进制，即8个字节。其中在这个8×8的矩阵中，0表示不亮，1表示亮。汉字的输出码有很多种，如显示用16×16点阵，打印一般用24×24点阵，还有32×32点阵、48×48点阵等。点阵数越大，显示的效果越好，需要存储的容量也就越大。

汉字的编码方式有助于我们深入学习Python，特别是对于Python 爬虫、网页访问等实战项目，我们就能理解为什么要对这些字符进行解码，否则将会出现一些乱码，这就是为什么在讲解Python语言语法之前，要跟大家详细讲解计算机编程基础知识。

1.4　本章小结

本章从大家熟悉的计算机存储单位内容讲起，分析了计算机工作的原理，重点解释了1字节为什么等于8位的缘由；在数字编码中，我们讲解了二进制、八进制和十六进制之间的转换，大家可以找一些题目来练习进制的转换，巩固所学知识，同时要记住计算机是以补码的形式存储数值，所以要厘清原码、反码和补码之间的关系；在对文字编码中，要记住ASCII码数字"0"、字符"a"和字符"A"所对应的十进制数，汉字在计算机是以两字节存储的。

第2章 开启Python之旅

经过上一章的学习准备，本章我们正式踏上这艘Python旅行船，开始了对编程海洋的探索之旅。作为本次旅行船长，我将简单给大家介绍这艘Python旅行船，然后带领大家认识Python这艘大船的"利器"，掌握和熟悉这些"利器"，能让大家在后面的学习过程中，面对各种复杂情况，都能够游刃有余。好吧，就让我们一起开启Python之旅，出发吧！

2.1 Python简介

世界上有两百多种编程语言，而真正流行的不过20多种，Python就是这20多种的其中之一。它已经成为继JAVA、C++之后的第三大编程语言。它的特点有简单易学、免费开源、高层语言、可移植性强、面向对象、可扩展性、可嵌入型、丰富的库、规范的代码等。

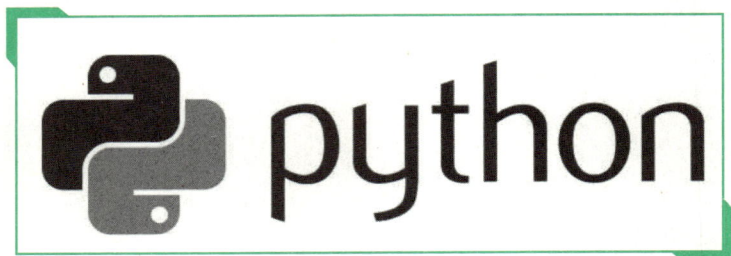

▲ 图2-1

Python语言诞生于20世纪90年代，其英文名就是大蟒蛇的意思。说起这种语言为什么命名为Python，那就要提到Python语言的创始人Guido van Rossum。Python的命名来自Guido van Rossum最喜欢的一部英国喜剧——《蒙提·派森的飞行马戏团》。可以看出Guido van Rossum对Python语言的珍爱，自从Python诞生后，这位耿直的工程师倾尽了30年的心血不断完善它，这才有了如今的Python。

Python的设计哲学是"优雅""明确""简单"，在设计上坚持了清晰划一的风格，这使得Python成为一门易读、易维护、被大量用户所欢迎、用途广泛的计算机语言。从2004年以后，Python的使用率快速增长。Python 2于2000年10月16日发布，稳定版本是Python 2.7。Python 3于2008年12月3日发布，但不完全兼容Python 2。

Python作为一种面向对象的解释型计算机程序设计语言，具有丰富和强大的库，可以说Python是全能的，它被广泛运用于各个领域，如图形处理、数据分析、文本处理、数据库编程、网络编程、Web编程、多媒体应用、爬虫编写、人工智能等。

2.2 开发工具之一：开发环境IDLE

工欲善其事，必先利其器。就像我们要写电子文档，需要用到Word等类似软件来实现对文档进行编排。编写代码也一样，我们需要借助某一个开发环境软件来辅助编写程序、运行程序、查看程序结果以及调试程序。

2.2.1 安装Python IDLE

安装Python IDLE过程很简单，我们可以在官网找到最新的版本并下载，具体操作步骤如下：

（1）打开浏览器，在地址栏上输入"https://www.python.org/"，进入Python官方主页，如图2-2所示。

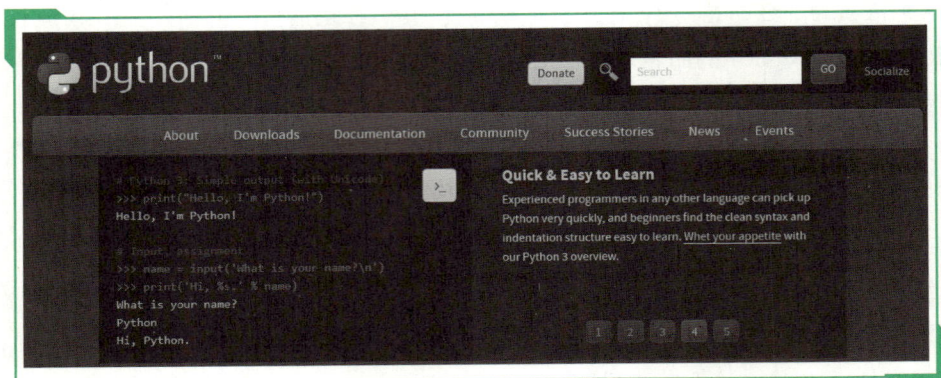

▲ 图2-2

（2）将鼠标移到"Downloads"菜单上，如图2-3所示，单击"Windows"菜单项，进入详细的下载列表（本书以Windows 7系统为例讲解下载安装方法，如果读者用的是其他操作系统，其操作流程大概相似，请选择对应版本进行安装）。

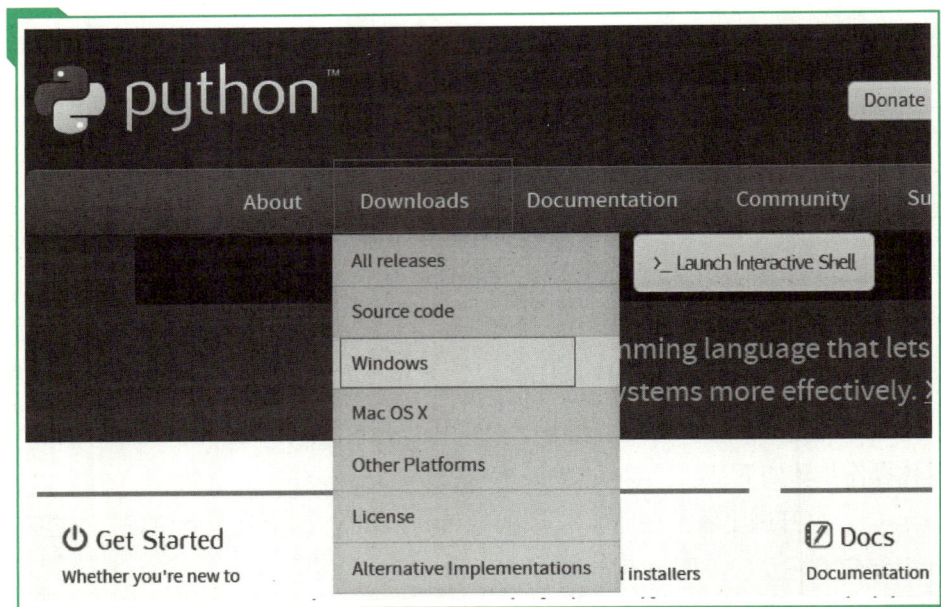

▲ 图2-3

（3）在图2-4的下载列表中，我们根据自己电脑系统的位数下载对应版本的软件，其中web-based installer为在线安装包，executable installer为离线安装包，embeddable zip file是压缩文档，即将Python打包成zip压缩包，以上三种仅是下载形式不同，软件内容是一样的。

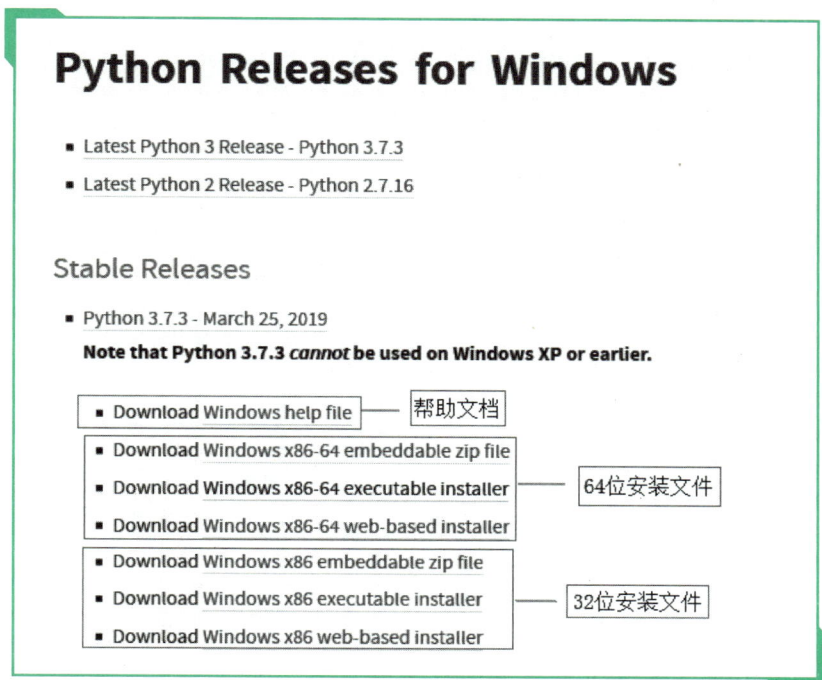

Python Releases for Windows

- Latest Python 3 Release - Python 3.7.3
- Latest Python 2 Release - Python 2.7.16

Stable Releases

- Python 3.7.3 - March 25, 2019

Note that Python 3.7.3 *cannot* be used on Windows XP or earlier.

- Download Windows help file —— 帮助文档
- Download Windows x86-64 embeddable zip file
- Download Windows x86-64 executable installer —— 64位安装文件
- Download Windows x86-64 web-based installer
- Download Windows x86 embeddable zip file
- Download Windows x86 executable installer —— 32位安装文件
- Download Windows x86 web-based installer

▲ 图2-4

如果大家不知道自己电脑系统的位数，可以选择32位安装文件，因为64位的电脑也兼容32位的软件。这里我们点击Windows x86-64 executable installer链接，下载离线安装包。下载完成后如图2-5所示。

python-3.7.3-amd64.exe

▲ 图2-5

（4）双击刚刚下载的安装文件，显示器将显示Python安装向导界面，选中"Add Python 3.7 to PATH"的复选框，让安装程序自动配置环境变量，如图2-6所示。

▲ 图2-6

（5）在图2-6中选择"Customize installation"进行自定义安装，在弹出的界面中采取默认设置，点击"Next"按钮。

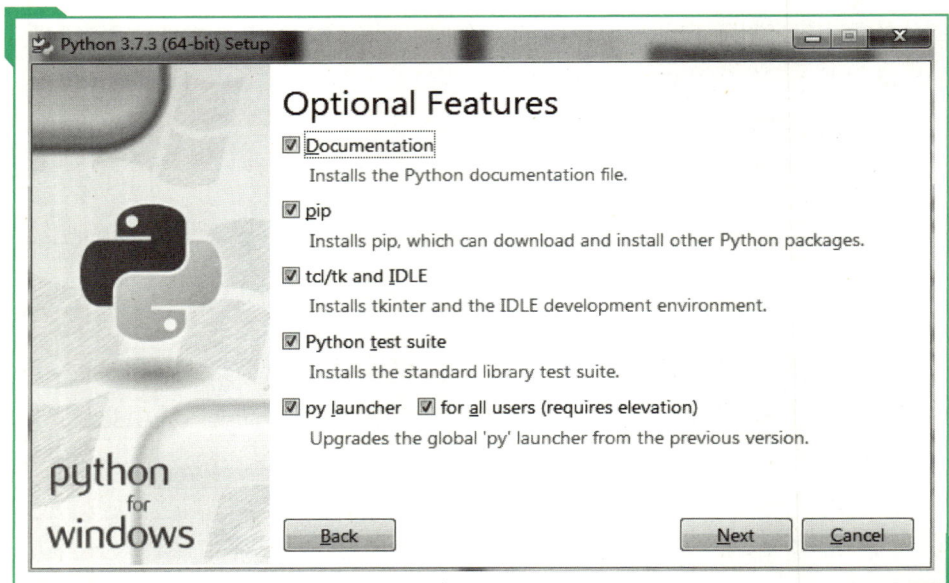

▲ 图2-7

（6）单击图2-7的"Next"按钮之后，将出现"Advanced Options"

界面，可修改Python的安装路径。在电脑的C盘新建一个文件夹，并命名为"python37"。点击"Browse"按钮，选择C盘中的python37文件夹。

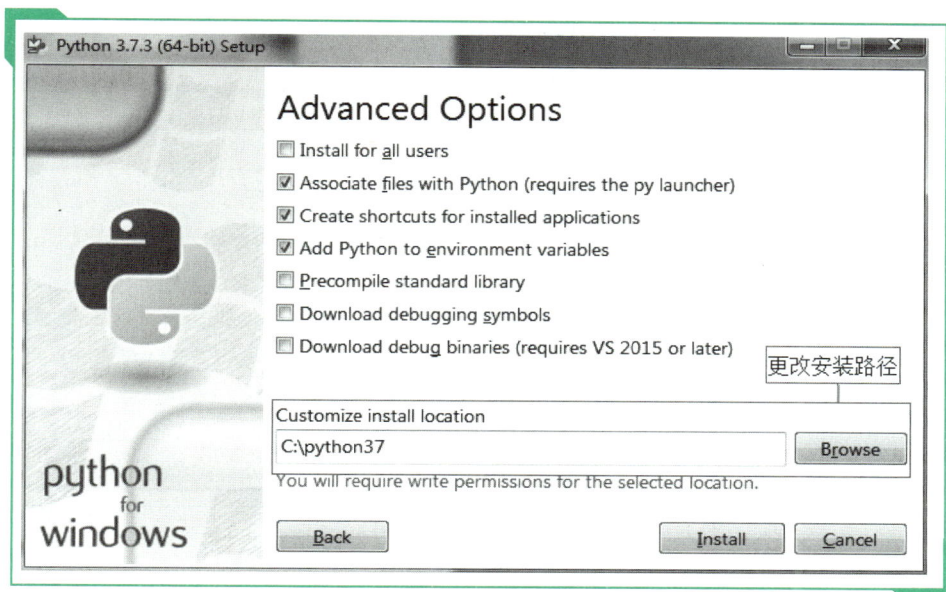

▲ 图2-8

（7）点击图2-8的"Install"按钮之后，将显示安装进度界面，开始安装，请耐心等待，如图2-9。安装完成之后，将显示如图2-10的界面。

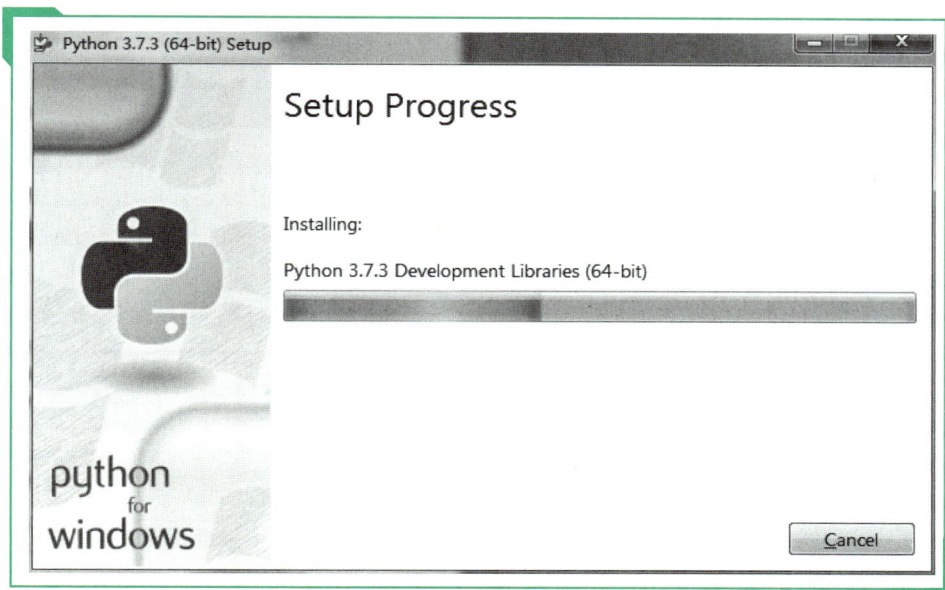

▲ 图2-9

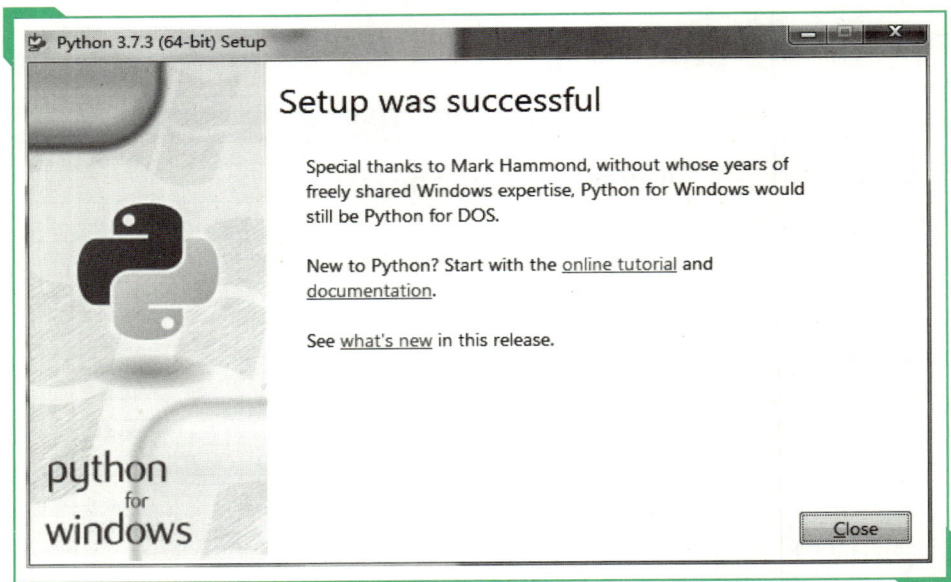

▲ 图2-10

（8）安装结束之后，需要检测Python是否安装成功，点击Windows系统左下角的"开始"菜单，在"搜索程序和文件"文本框中输入CMB命令，启动命令行窗口。

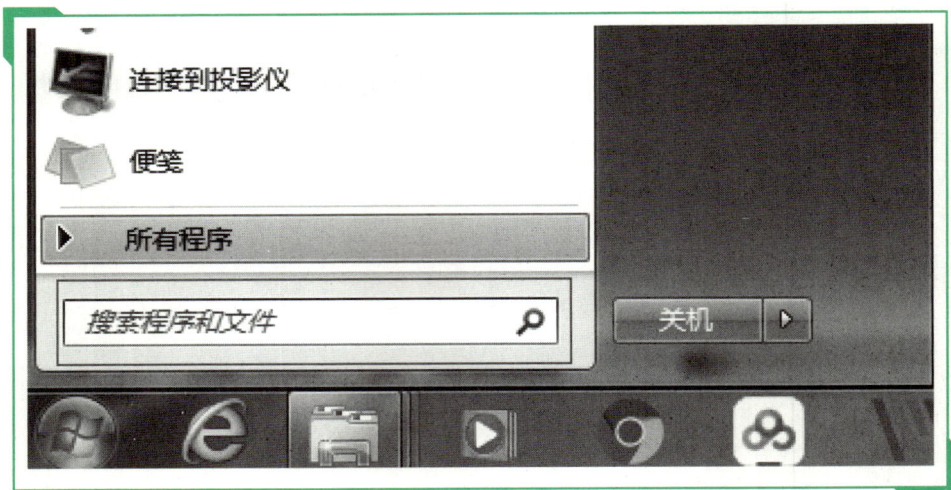

▲ 图2-11

（9）在这个黑屏的命令行窗口中输入"Python"，并按回车按键，如果出现图2-12所示的Python版本，则说明Python安装成功。

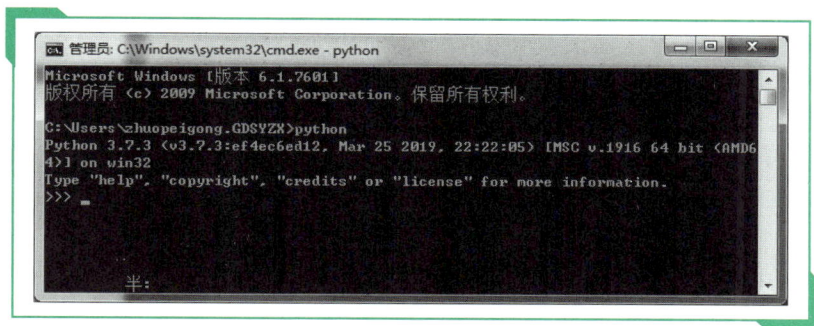

▲ 图2-12

2.2.2 熟悉使用Python IDLE

安装Python之后，点击电脑桌面左下角的开始菜单，并点击"所有程序"，找到Python 3.7文件夹，点击进去，你将会看到如图2-13所示。

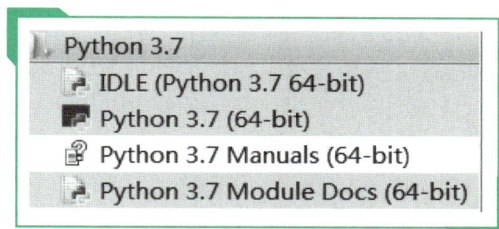

▲ 图2-13

IDLE是Python自带的非常简洁的集成开发环境，本书以这个软件版本来讲解Python语言的语法。点击"IDLE(Python 3.7 64-bit)"，即启动IDLE窗口，同时在这个IDLE窗口的标题栏中可看到Python Shell，我们可以通过这个Shell窗口输入一些文本与Python程序进行一些交互。">>>"提示符表示Shell窗口已经准备好了，等待输入Python指令。如图2-14所示。

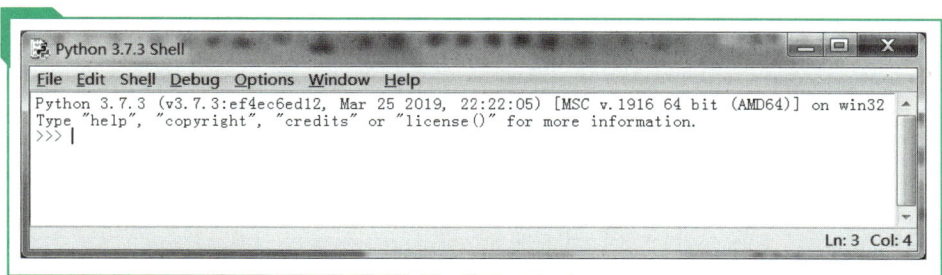

▲ 图2-14

我们可以尝试输入一些简单的数学表达式，Shell窗口将会算出结果，如图2-15所示。

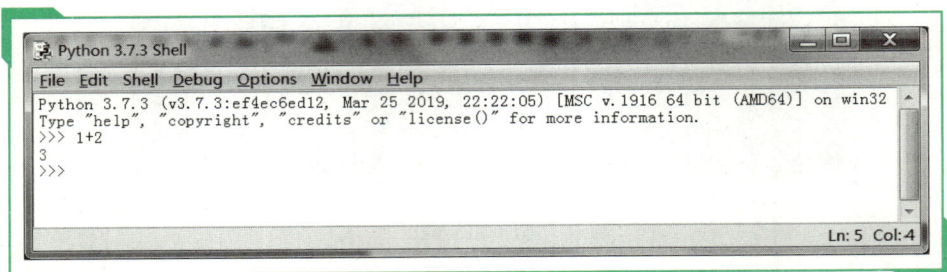

▲ 图2-15

要是输入一些非法的语句，Shell窗口将会提示语法错误，如图2-16所示的"SyntaxError:invalid syntax"。

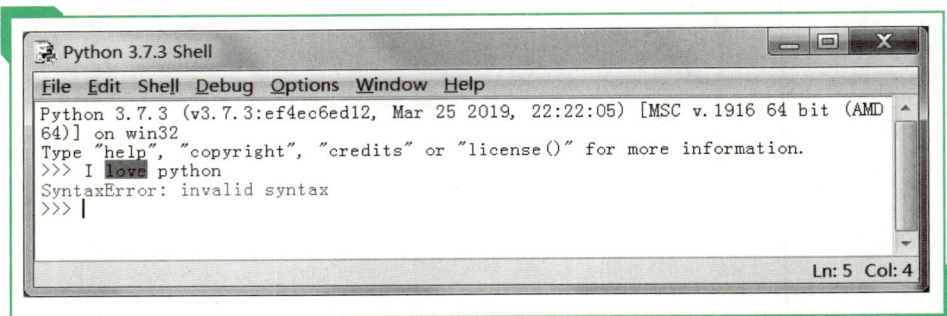

▲ 图2-16

如果要输出一句字符串"I love python",可以用到Python的输出语句print，不过需要把输出内容放在它后面的括号里，并用一对双引号或单引号括起来．如图2-17所示。

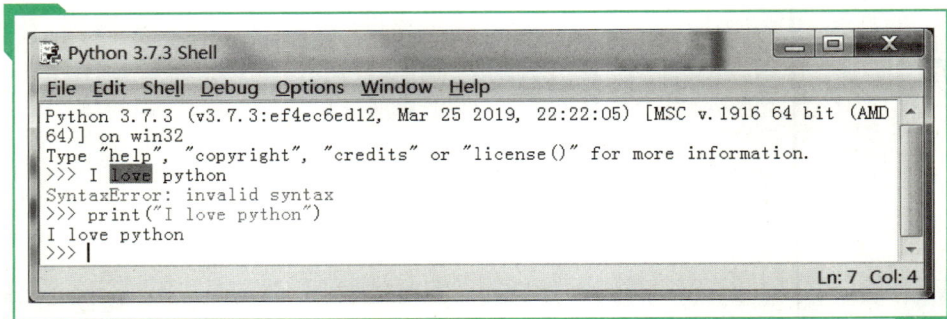

▲ 图2-17

在上面的演示中，当我们关闭Shell窗口后，会发现编写的代码没有办法保存。在实际的开发代码中，我们不可能每次都是输入一行代码，接着看结果，常常需要编写多行代码后，再全部运行看结果。Shell窗口提供了另一个窗口，可以单独创建一个文件保存这些多行的代码，在代码全部编写完毕后，再一起执行。具体方法为点击Shell窗口左上角的File菜单，弹出子菜单，选择 New File菜单，打开一个新窗口。

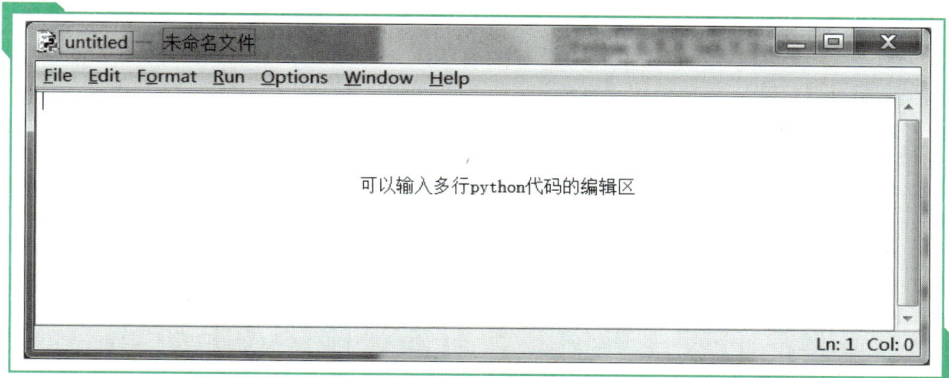

▲ 图2-18

我们可以在Python代码的编辑区输入如下代码（路径）：

```
print ( "hello! python!" )
print("I love you")
print("can you help me")
print("1+1=?")
print(1+1)
```

然后点击图2-18中的Run菜单，将会弹出图2-19的窗口，点击"确定"按钮，保存源文件，并命名好文件。

▲ 图2-19

　　Python语言编写好的文件是以".py"为后缀，保存好，运行结果将在Shell窗口显示，如图2-20所示。

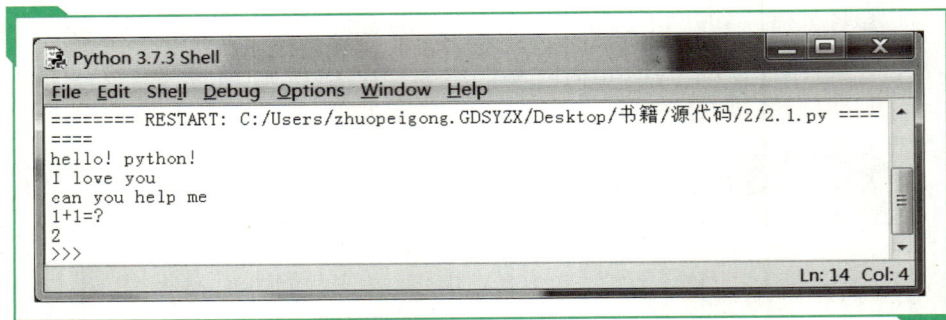

▲　图2-20

2.3　开发工具之二：开发环境PyCharm

　　PyCharm是由JetBrains打造的一款Python IDE，带有一整套可以帮助用户提高开发效率的工具，比如调试、语法高亮、Project管理、代码跳转、智能提示、自动完成、单元测试、版本控制等。此外，该IDE提供了一些高级功能，用于支持Django框架下的专业Web开发，下面就来介绍PyCharm的下载和安装方法。

2.3.1　下载和安装PyCharm

　　（1）首先通过浏览器打开PyCharm下载官方网页：http://www.jetbrains.com/pycharm/，点击"DOWNLOAD NOW"按钮，如图2-21所示。

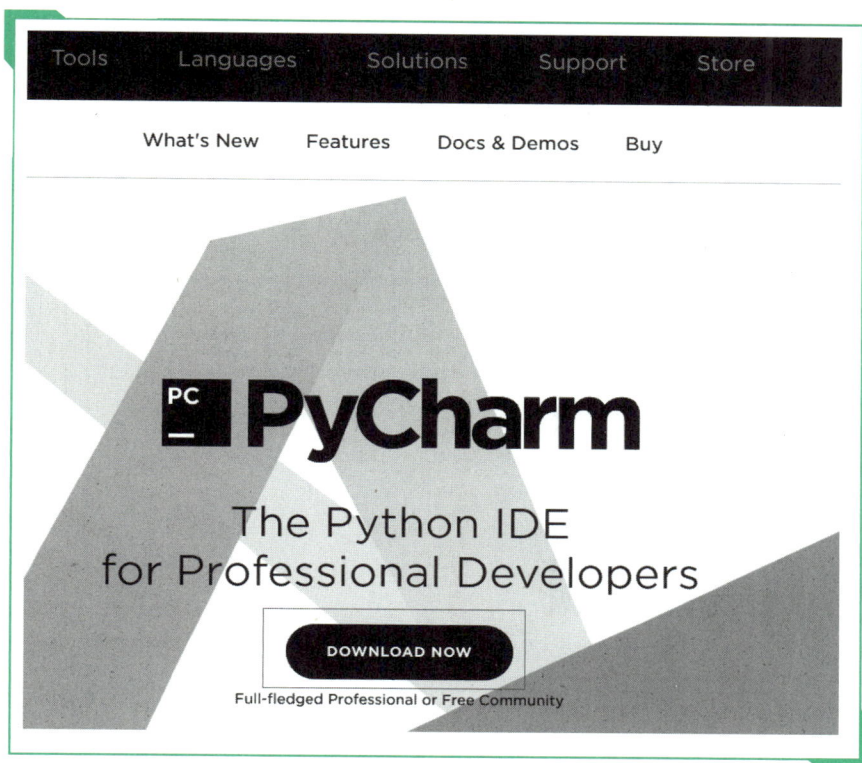

▲ 图2-21

（2）进入PyCharm下载页面，PyCharm在下载页面提供了两个版本，第一个版本是Professional(专业版本)，这是一个功能强大的版本，但是要收费。另外一个是Community(社区版)，比较轻量级，优点是免费。对于初学者来说，该免费版本的功能已能满足学习的需求。点击Community下面的"DOWNLOAD"按钮，开始下载。

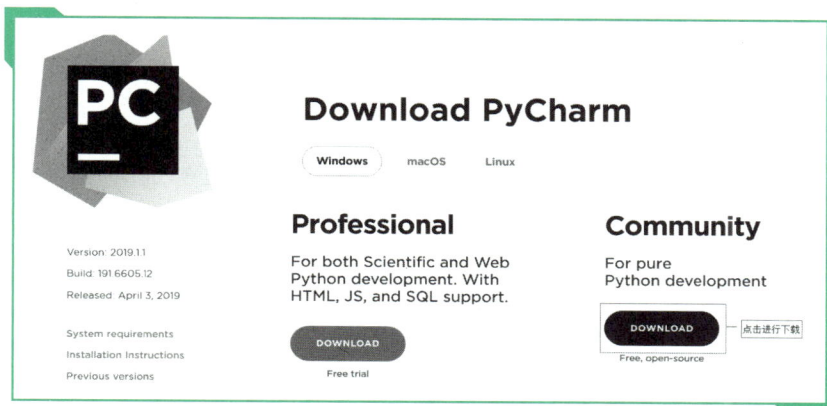

▲ 图2-22

（3）下载完成之后，双击安装包，开始安装PyCharm，进入安装欢迎界面。

▲ 图2-23

（4）点击图2-23"Next"按钮，进入软件安装路径设置界面。在软件安装路径设置界面，我们设置安装路径为C盘。

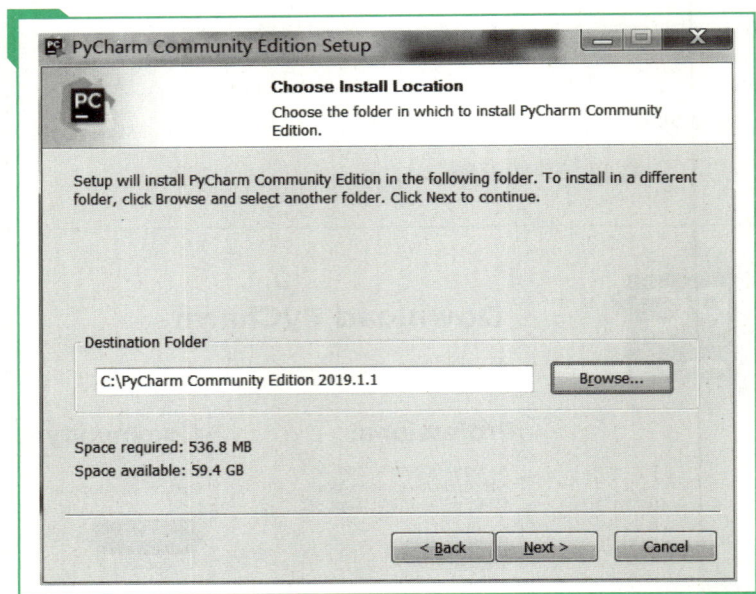

▲ 图2-24

（5）点击图2-24中"Next"按钮，来到"安装选项"窗口，勾选所有的复选框（也可以根据自己的需要勾选安装选项），然后点击"Next" 按钮进入下一步。

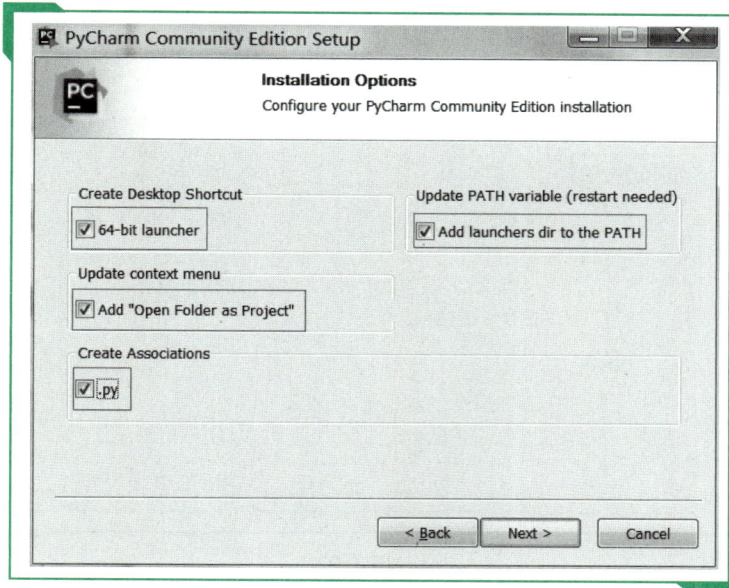

▲ 图2-25

（6）在出现的"选择启动菜单目录"窗口中，保留默认目录名称，直接点击"Install"按钮进入下一步。

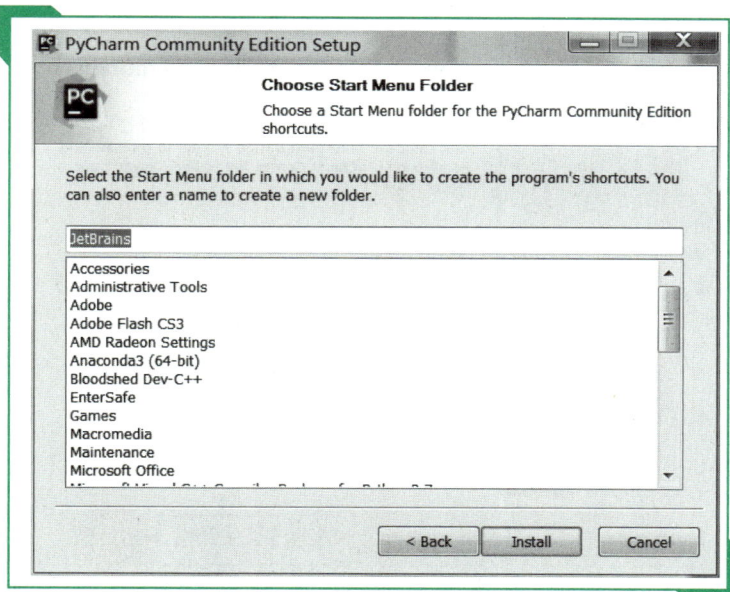

▲ 图2-26

（7）正在安装PyCharm程序。

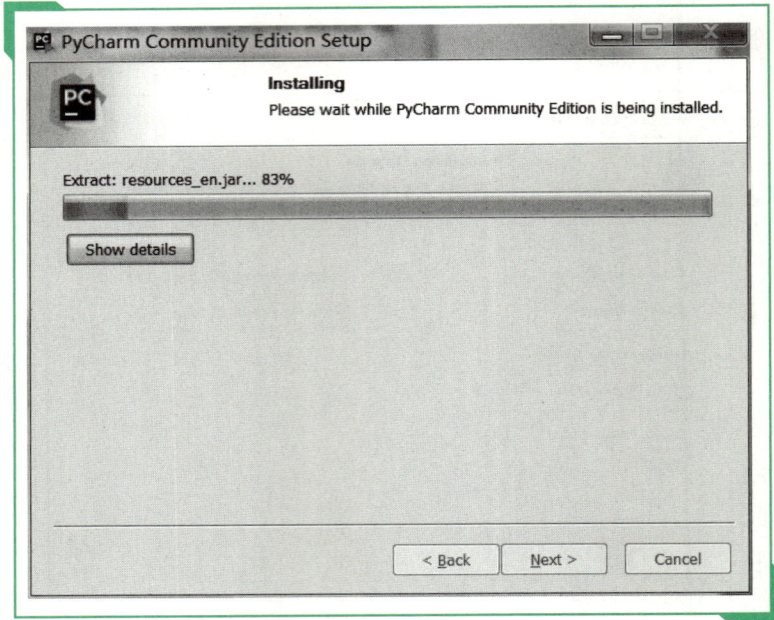

▲ 图2-27

（8）安装完毕之后，安装程序会弹出完成安装窗口。这里询问是否重启电脑，我们选择重启电脑，PyCharm程序安装到此结束。

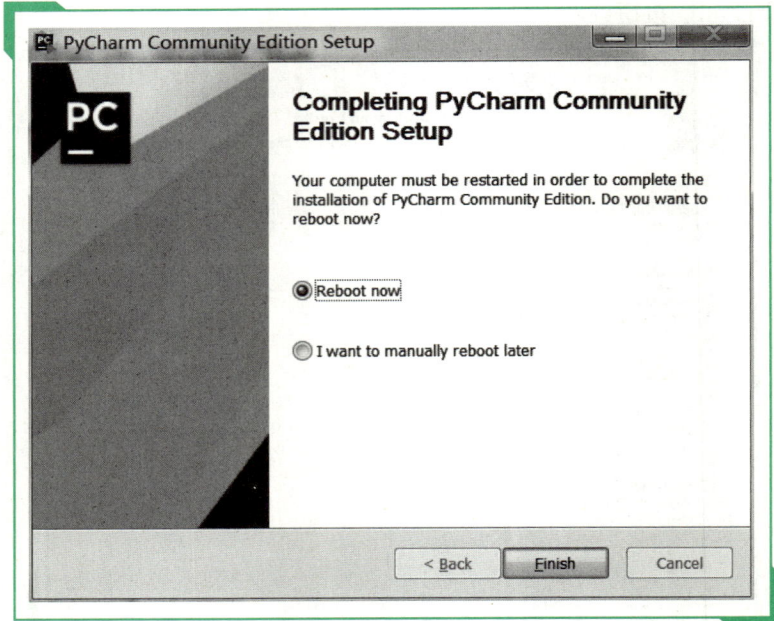

▲ 图2-28

2.3.2 启动PyCharm软件

（1）双击桌面PyCharm快捷方式，启动PyCharm程序。选择是否导入开发环境配置文件，这里选择不导入，点击"OK"按钮。

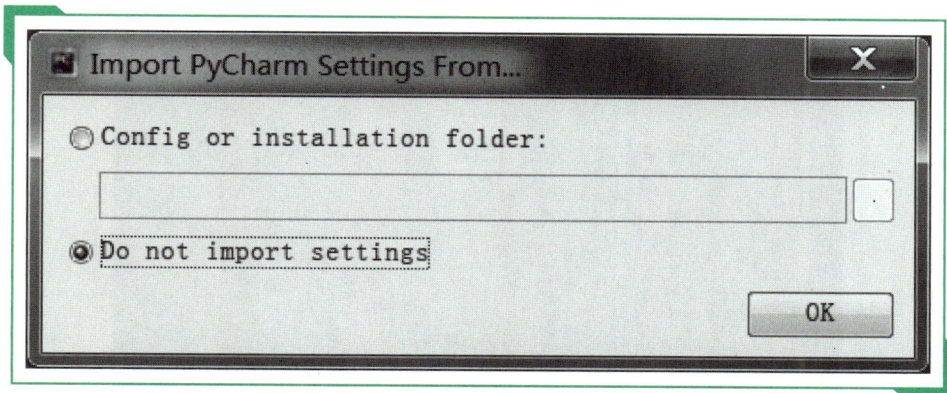

▲ 图2-29

（2）在弹出的UI主题选择窗口中，可以根据自己的喜好选择一种主题。不过我们这里选择默认设置，点击左下角"Skip Remaining and Set Defaults"按钮。

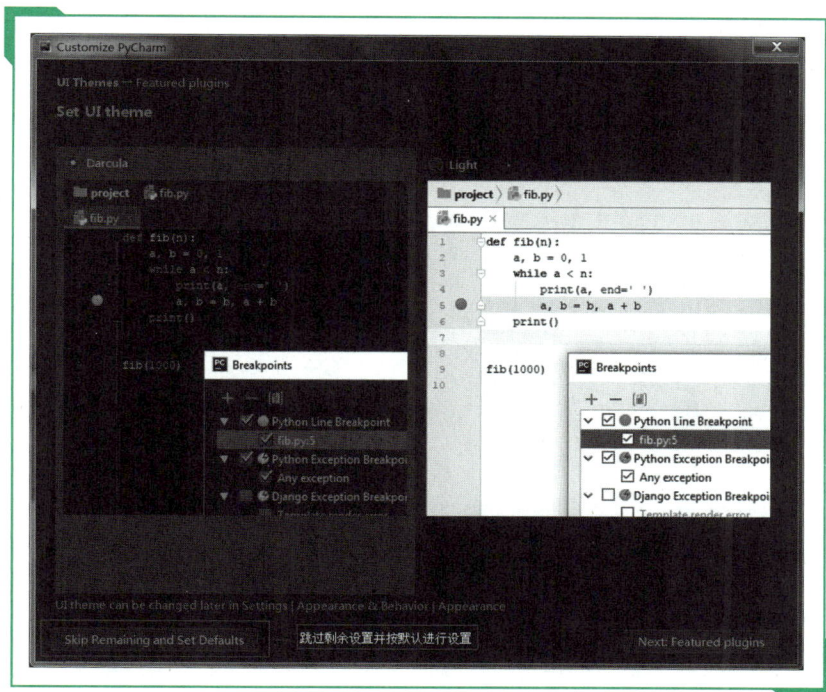

▲ 图2-30

　　以上两个步骤是初次安装软件才会出现的界面，以后当我们双击PyCharm
软件，将直接进入创建工程界面，如图2-31所示。

　　（3）进入到PyCharm页面，单击"Create New Project"按钮，创建一个
新工程文件。

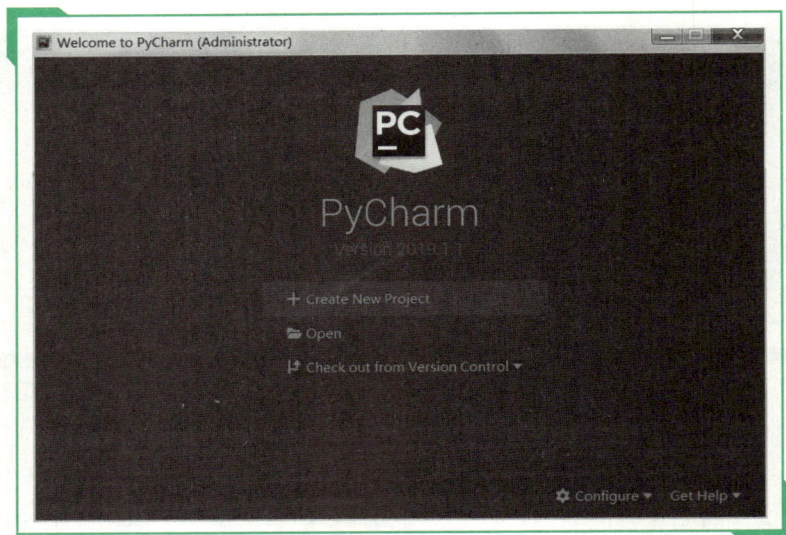

▲　图2-31

　　（4）我们可以手动修改PyCharm工程项目的存储路径，这里修改为E盘，
点击"Project Interpreter :New Virtualenv environment"左边的三角形，将
会看到整个项目配置的环境，以及项目所用到的解释器版本，如图2-32所示。

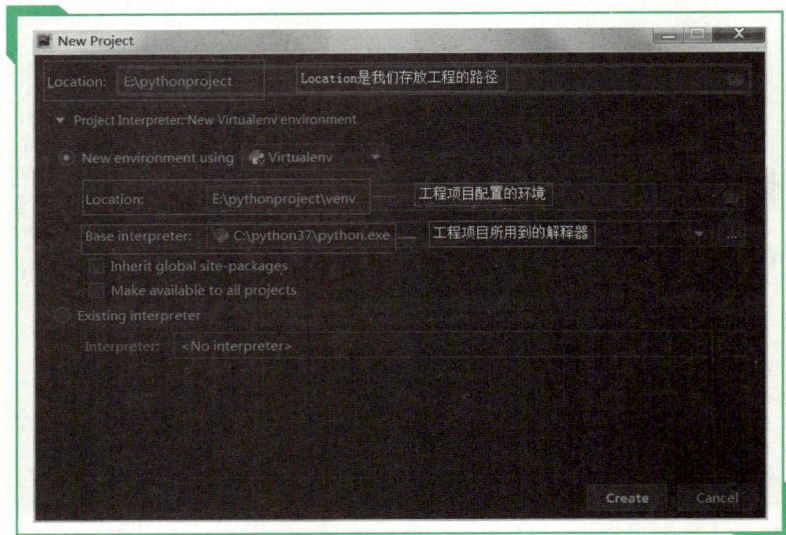

▲　图2-32

从图2-32可以看到项目用到的解释器路径为"C:\python37\python.
exe"，正是我们上一节讲到的IDLE安装路径，也就是说，PyCharm软件其
实就是一个"空壳"。所以我们在安装PyCharm软件的时候，必须得下载
Python的解释器。接着点击图2-32"Create"按钮。

（5）创建工程完成之后，在工程软件界面前面会弹出"每日一贴"提示
窗口，点击左下角"Show tips on startup"复选框，取消"每日一贴"的提
醒，再点击"Close"按钮。

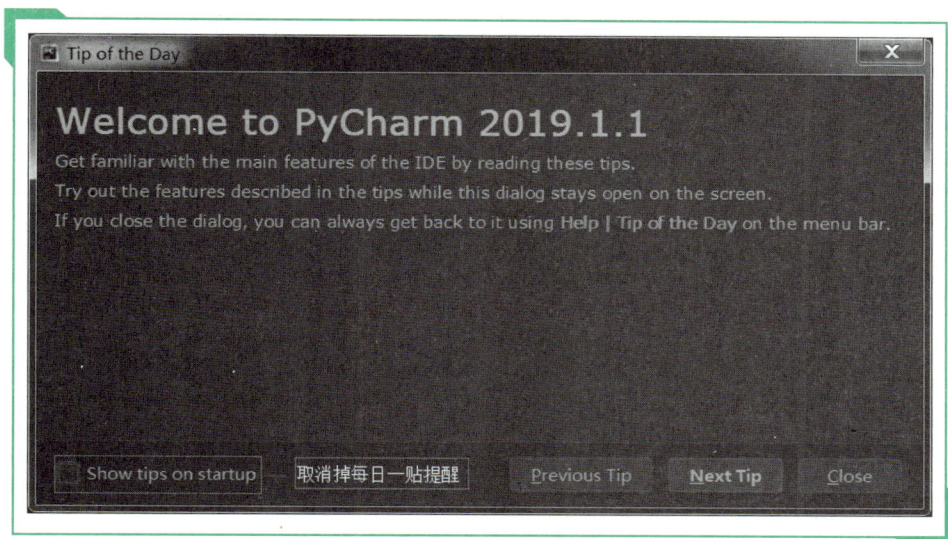

▲ 图2-33

（6）创建工程文件之后，工程文件列表如图2-34所示。

▲ 图2-34

2.3.3 汉化PyCharm开发环境

对于初学者来说，面对PyCharm这个陌生的开发环境，各个功能模块不是很熟悉，还要面对着各种英文菜单命令，难免是一种挑战。特别是对于英语学得不好的初学者来说，更是容易让人望而却步。不同版本的PyCharm开发环境，其汉化的补丁包版本都是不一样的，大家要找到对应的汉化补丁包，本书举例的PyCharm是2019.1.1发布的，汉化包在其网盘对应的soft里面，请大家自行下载。汉化过程也很简单，流程如下：

（1）将网盘里面的资料下载之后，点击"soft"文件夹，找到"pycharm2019.1.1汉化包"文件夹，把里面的"resources_cn.jar"文件进行复制。

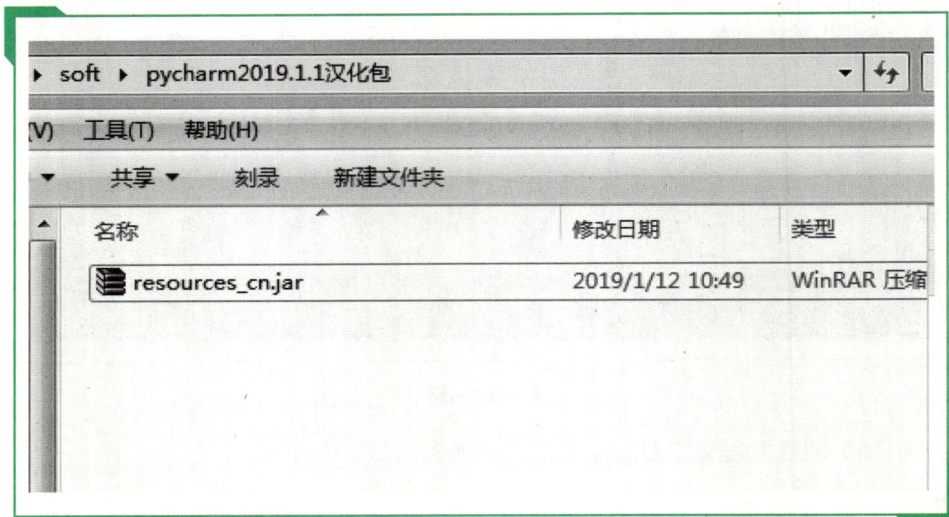

▲ 图2-35

（2）找到自己安装的PyCharm路径，例如，笔者的安装路径为"C:\PyCharm Community Edition 2019.1.1"。

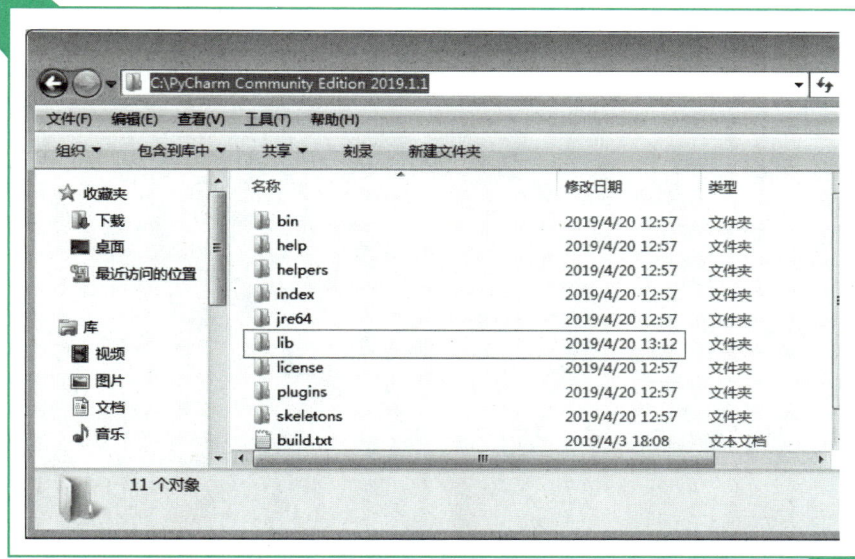

▲ 图2-36

（3）点击图2-36中的"lib"文件夹。进入里面，粘贴刚才复制的"resources_cn.jar"到lib文件夹中，如图2-37所示。

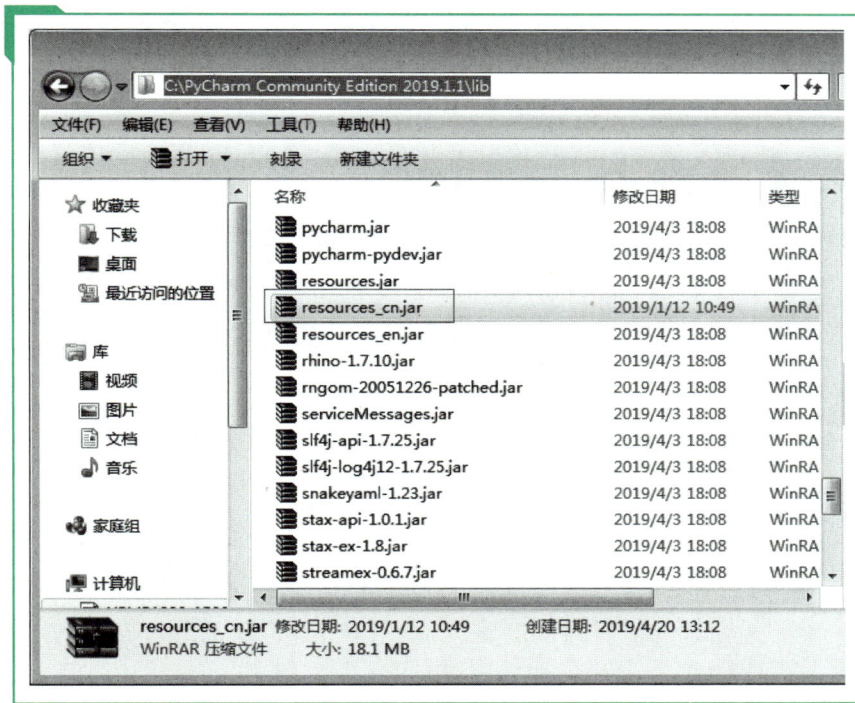

▲ 图2-37

（4）重启PyCharm软件，将显示汉化后的PyCharm软件。

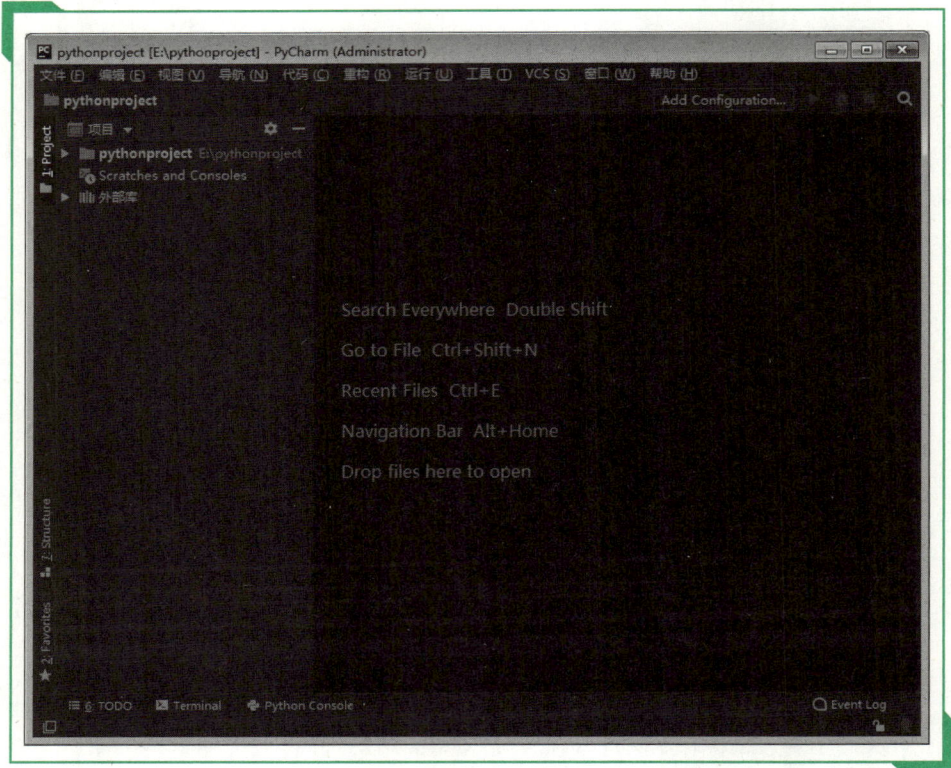

▲ 图2-38

2.3.4 熟悉PyCharm编写程序

熟悉PyCharm开发环境，能够为我们后期编写程序、调试程序带来很多方便，下面我们就一起来认识PyCharm开发环境界面。PyCharm界面大体分为菜单栏、工具栏、工程文件目录、代码编辑区和运行控制台等功能区。

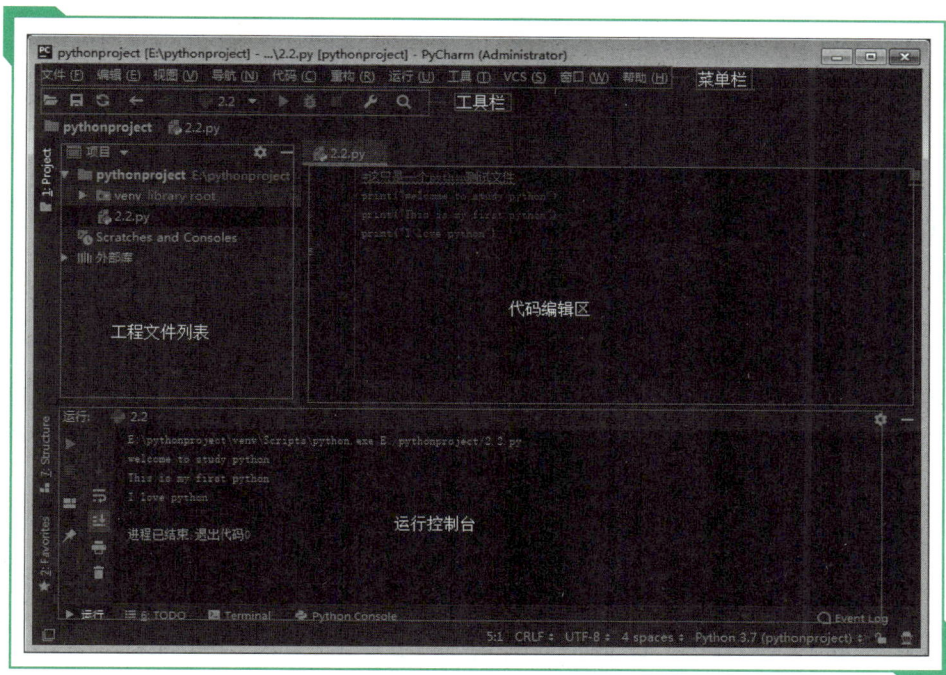

▲ 图2-39

　　菜单栏存放了PyCharm开发环境的绝大部分命令和设置，我们可以点击菜单栏各个菜单命令，初步了解各个菜单命令具体包含了哪些操作。工具栏可以提高开发效率，如保存文件、打开文件、运行文件等命令。如果软件界面没有工具栏，我们可以点击View（视图）菜单，在弹出的子菜单项目下选择"Toolbar"命令即可。通过工程文件列表可以看到整个工程项目的所有文件，以及它们所处的位置；代码编辑区可以实现输入代码；运行控制台显示程序的运行结果。下面我们一起来学习如何在PyCharm中编写程序。

　　（1）右键单击新建好的"pythonproject"项目，在弹出的菜单中选择"新建→Python File"，如图2-40所示。

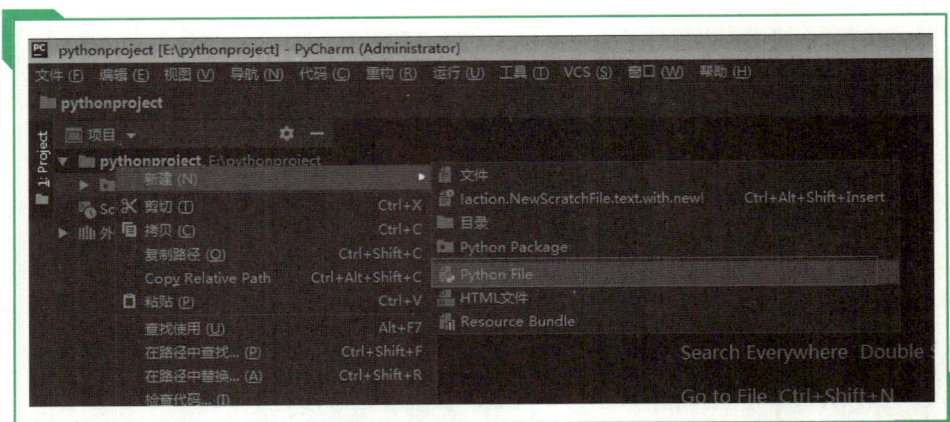

▲ 图2-40

（2）在"New Python file"窗口中，命名为"2.2"，完成之后，单击"确定"按钮。

▲ 图2-41

（3）在新建的文件中输入如下代码。

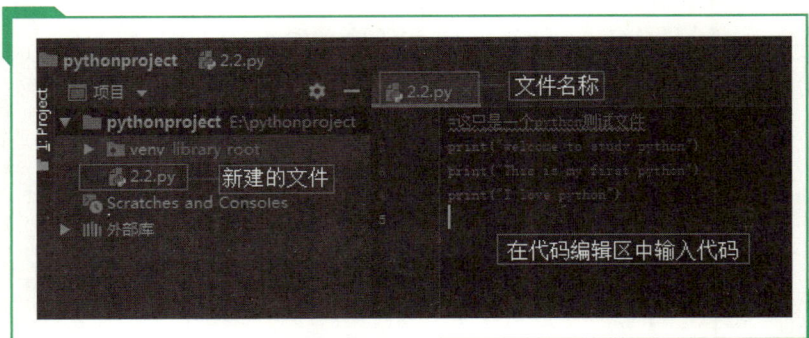

▲ 图2-42

（4）运行文件代码有很多种方法，这里我们选择"运行"菜单中"Run..."命令，如图2-43所示，接下来在弹出的菜单中选择"2.2"文件，如图2-44所示。

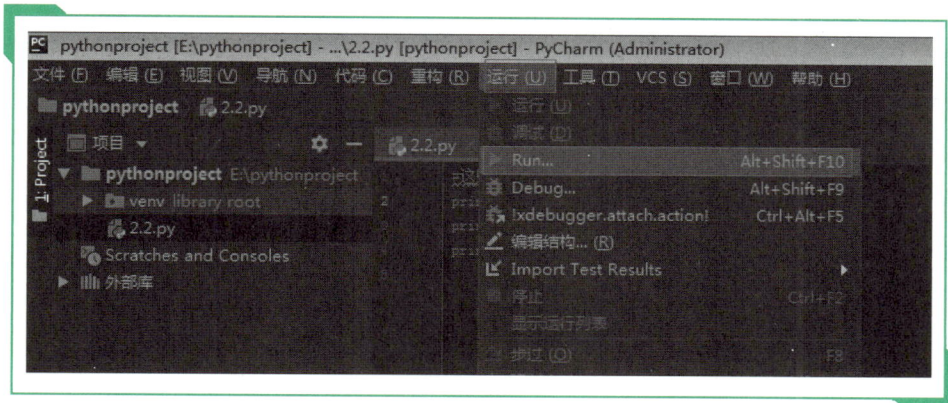

▲ 图2-43

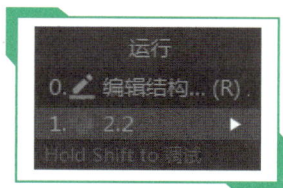

▲ 图2-44

（5）如果编写的代码没有错误，将在运行控制台看到正确的答案，运行结果如图2-45所示。

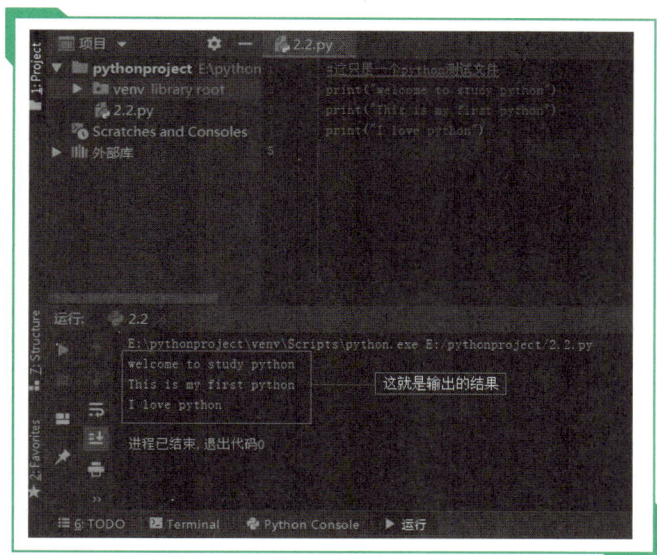

▲ 图2-45

2.4 本章小结

　　本章我们简单介绍了Python语言的历史，重点介绍了编写Python语言的两个开发环境平台的安装和使用。这两个开发环境平台各有优点，由于本书只是讲解Python的语法，没有过多地涉及Python的第三方库，同时考虑到初学者学习的难度，本书以第一个开发环境平台即IDLE来编写代码，该软件界面简洁，初学者容易上手。当然Python的开发环境平台不止这两个软件，有兴趣的读者可以上网了解。

第3章　变量与数据类型

在上一章，我们已经搭建好Python开发环境了。从本章开始，我们将学习Python编程的基础知识，也就是Python语言编写代码的语法。伴随着人工智能、物联网、5G技术等新技术的兴起，人类逐步跨入了大数据时代。在信息社会，数据资源已经成为驱动社会发展的主要动力，一场以大数据为核心的人工智能渐露端倪。如何对这些大数据进行存储、计算和分类，这就是本章即将要讲解的变量和数据类型的内容。

3.1　基本数据类型

正如数学学科把数分为整数、正数、负数、自然数、实数等几大类一样，在程序设计语言中，同样也对数据进行了分类。Python 3提供了几种基本的标准数据类型，如整型、浮点型、布尔型、字符串型，只有理解好这几种数据类型，我们才能更好地使用变量存储和计算数据。

3.2　数字类型

数字类型就是存储数值的类型，可以进行数学计算，包含整型、浮点型和复数类型。

整型跟我们数学课所说的整数是同一意思，即只能用来存储整数，如3、6、−5等数据。Python 3对整型的位数没有限制，也就是说可以存储一个数值很大的整型，这一点比其他程序设计语言的整型数据类型有优势，因为其他程序设计语言对整型的值是有大小限制的。

浮点型用于存储实数，包含了整数部分和小数部分，如3.14、3.0、2.6、3.7等数据都属于浮点型。浮点型有时候可以用科学计数的方式表示，例如1.5e4、1e7等。

在高中的数学课中，我们将会学习到数的另一种分类——复数。Python语言中的复数类型与数学的复数一样，包括实部和虚部两部分，并在虚部数字后面加上字母j。例如，一个复数，它的实部为2，虚部为3，那么复数类型的表现方式为2+3j。由于复数的计算比较复杂，我们在中学编写程序时很少涉及，所以在这里不再深入探讨。

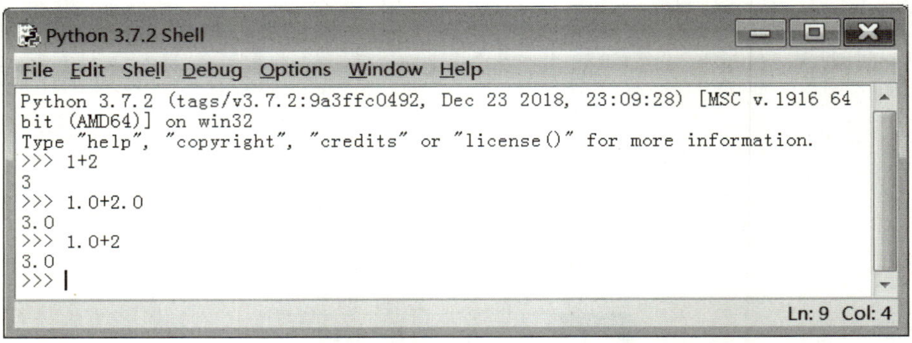

```
Python 3.7.2 Shell
File Edit Shell Debug Options Window Help
Python 3.7.2 (tags/v3.7.2:9a3ffc0492, Dec 23 2018, 23:09:28) [MSC v.1916 64
bit (AMD64)] on win32
Type "help", "copyright", "credits" or "license()" for more information.
>>> 1+2
3
>>> 1.0+2.0
3.0
>>> 1.0+2
3.0
>>>
                                                              Ln: 9 Col: 4
```

▲ 图3-1

图3-1列举了三个例子，第一个例子是两个整型的数相加，得出来的结果也是整型。第二个例子是两个浮点型相加，得出来的结果也是浮点型，注意答案是3.0，不是3。因为Python语言中浮点型必须包含整数部分和小数部分，即使小数部分的值为0，也要加上".0"。第三例子是一个浮点型数据和一个整型数据相加，结果是一个浮点型数据。原因是计算机在计算的过程中偷偷地做了一件事，就是把整型的2转换成浮点型2.0，再与1.0相加，最终得出来就是一个浮点型的3.0。

3.3 布尔类型

几乎所有编程语言都有布尔数据类型，Python语言也不例外。布尔类型只有两个值，即True和False，也就是真和假。注意True和False这两个单词首字母是大写，其他字母都是小写，Python语言对字母大小写要求严格，如果写错将会提示错误，如图3-2所示。同时，在Python语言中，布尔类型的两个值可以转换为数值进行计算，其中True代表1，False代表0，如图3-2所示。关于布尔类型的运用，更多是运用于条件的判断，我们将会在第五章和第六章中学习。

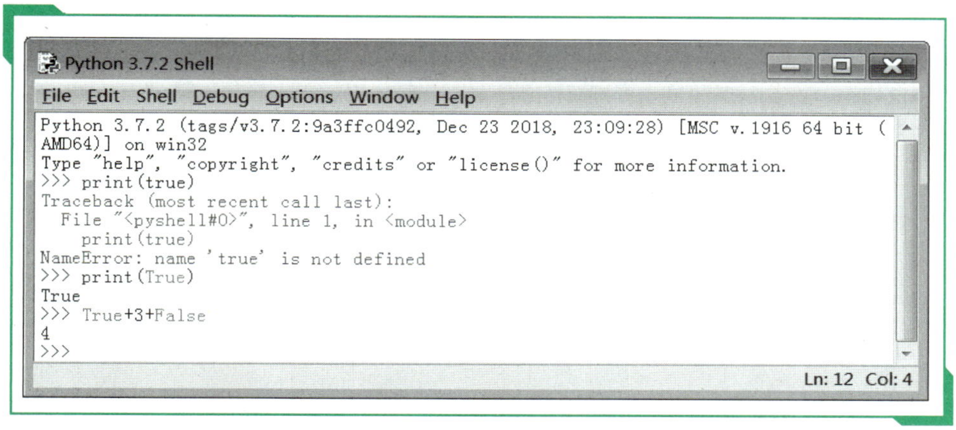

▲　图3-2

3.4　变量

在讲解字符串数据类型之前，我们先来了解什么叫作变量。正如现实世界一样，每个人都有姓名，通过姓名，我们就可以对应到某一个人。在程序设计世界中，有着很多数据，我们可以给这些数据起名字，通过名字就可以引用到对应的数据。这个名字被称为变量。变量就像一张标签，这张标签写上名字，然后贴到数据上，以后我们要用到这个数据，就可以直接引用这个变量，它代表了这个数据。

其语法格式为：

变量名=Value

例如 a=5，我们把5赋值给变量a，注意符号"="不是数学意义的等号，在这里叫作赋值号，写法跟数学的等号一样，但在程序设计世界中表示赋值的作用。通过这种方式，计算机就会在内存申请一块空间，存储5的值，同时把标签a贴在数据5上，以后对变量a进行引用，就是代表值为5。例如：

>>> a=5

```
>>> print(a+3)
8
```

注意变量的命名必须由字母、数字、下划线组成，不能用数字开头，如图3-3所示。

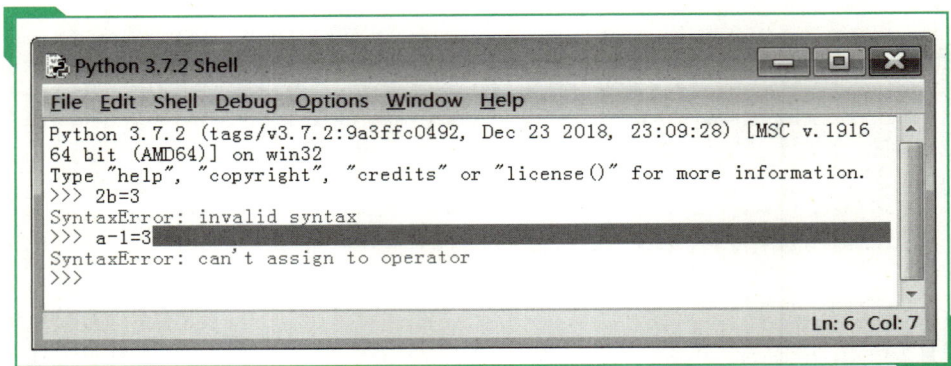

```
Python 3.7.2 Shell

File Edit Shell Debug Options Window Help

Python 3.7.2 (tags/v3.7.2:9a3ffc0492, Dec 23 2018, 23:09:28) [MSC v.1916
64 bit (AMD64)] on win32
Type "help", "copyright", "credits" or "license()" for more information.
>>> 2b=3
SyntaxError: invalid syntax
>>> a-1=3
SyntaxError: can't assign to operator
>>>
                                                              Ln: 6 Col: 7
```

▲ 图3-3

上面说到变量就像一张写了名字的标签，贴在数据上，那么可不可以更改标签，让它贴在其他数据上呢？答案是肯定的。例如：

```
>>> a=5
>>> a=3
>>>print(a+3)
6
```

可以看到一开始5赋值给变量a，也就是说，我们把标签a贴在数据5上，后来更改标签a，把它贴在数据3上，此时a的值变为3，并且5没有标签了。在后面的程序中，没有办法引用到这个数值为5的内存，Python语言具有自动回收机制，它会把这个数值为5的内存释放掉。既然变量就像标签一样贴在数据上，那么同一个数据可以贴多个标签吗？我们不妨来探索一下。在这里介绍一下Python语言的内置函数id()，该函数会获取到它括号里面变量的内存地址。例如：

```
>>> a=5
>>> b=5
>>>id(a)
8791287391184
>>> id(b)
8791287391184
```

我们把数据5赋值给变量a和变量b，通过id()函数输出两者的内存地址，可以发现两者的内存地址一样，说明变量a和变量b对应是同一个内存，这个内存里面的数据是5。所谓内存地址就像每家每户的门牌号一样，在计算机中，每一个内存都有地址，通过地址就可以找到所对应的内存，就像通过门牌号可以找到我们家一样。id()函数是Python的内置函数，我们不用管它内部是怎么实现的，只需知道它是干什么的，怎么用的就可以了。关于函数，我们将在第九章进行详细讲解。

除了id()函数，还有一个内置函数type()，该函数可以返回它括号里面变量的数据类型。

```
>>> a=5
>>>print(type(a))
<class 'int'>
>>> b=5.0
>>>print(type(b))
<class 'float'>
>>>print(type(True))
<class 'bool'>
```

上面的代码返回了变量a的整型int，变量b的浮点型float，True的布尔类型bool。

3.5　字符串

3.5.1　字符串的表示

在第一章中，我们就提到了字符串类型。在Python中，凡是由一对引号括起来的文本都称为字符串，类型名字是str。这一对引号可以是单引号" ' "、双引号" "" "、三引号 " "" " 或 " """" "。下面我们先讲单引号和双引号。

```
>>> a="python2"
>>> b='python3'
>>>print(a)
python2
```

>>> print(b)

python3

那么，什么时候用单引号，什么时候用双引号呢？一般情况下，我们用哪种引号都可以，只要保证这对引号都是英文的，其字符串首尾都是单引号或者都是双引号就行。但也有例外，比如字符串中包含单引号，那么就应该选择双引号括起来；同理，如果字符串中包含双引号，也应该使用单引号括起来，从而避免出现歧义。

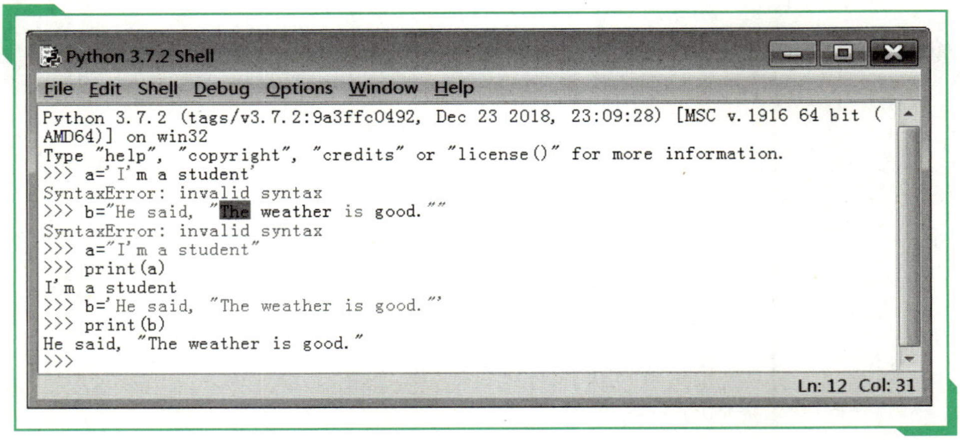

▲ 图3-4

那么，如果这个字符串内容中既有单引号也有双引号怎么办？比如字符串的内容是Let's say "We're happy."，这个时候可以用反斜杠进行转义。因为字符串内容里面的引号，并不是字符串的开始标志，也不是结束标志，为了与字符串首尾的引号区分开来，我们可以在这些引号前面加入一个反斜杠"\"。

>>> a='Let\'s say \"We\'re happy.\"'

>>> print(a)

Let's say, "We're happy."

这就是引号的转义。除了引号以外，反斜杠还可以用于转义其他字符，让一些特殊的字符也可以用代码来表示，包括换行、退格、响铃等不可见字符。以下是常见字符转义表。

表3-1 常用转义字符及其作用

转义字符	描述	转义字符	描述
\\	反斜杠符号	\v	纵向制表符
\'	单引号	\f	换页
\"	双引号	\a	响铃
\n	换行	\b	退格(Backspace)
\r	回车	\000	空
\t	横向制表符	\(在行尾时)	续行符

除了转义，我们还有一种更简单的方法，即用三引号来解决引号嵌套的问题。用三引号来表示字符串，字符串中既可以包含单引号，也可以包含双引号，还支持换行。

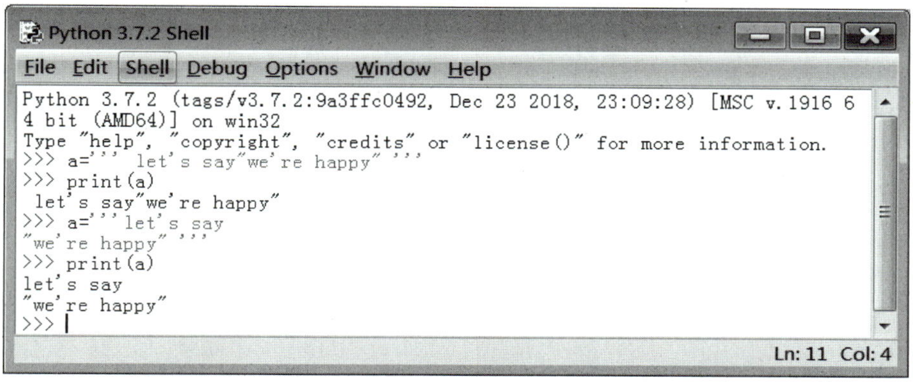

▲ 图3-5

仅用一对单引号或者双引号都是不支持换行的。如果需要换行，可以自己加入换行符"\n"，或者使用三引号，即用三个单引号"'''"或者三个双引号""""""括起来。从图3-5可以看出，三引号里面可以嵌入单引号和双引号，只要保证字符串头尾是三引号，中间不包含三引号就没有语法错误。输出时，字符串是会原样输出，是可以换行的。

3.5.2 字符串的相关运算

（1）字符串的引用。

通过上面我们可以看到字符串是连续的字符序列，每一个字符在序列中是拥有位置序号的，从左到右，字符串中的字符从0开始编号，最后一个字符的编号是"长度-1"；从右到左，字符串的字符以-1开始编号，第二个字符为-2，以此类推，到最左边的字符的编号为"-长度"。所以字符串支持使用编号来获取字符串中的字符。

表3-2　字符串"I'm good!"从左到右的编号

索引值	0	1	2	3	4	5	6	7	8
字符	I	'	m		g	o	o	d	!

表3-3　字符串"I'm good!"从右到左的编号

索引值	-9	-8	-7	-6	-5	-4	-3	-2	-1
字符	I	'	m		g	o	o	d	!

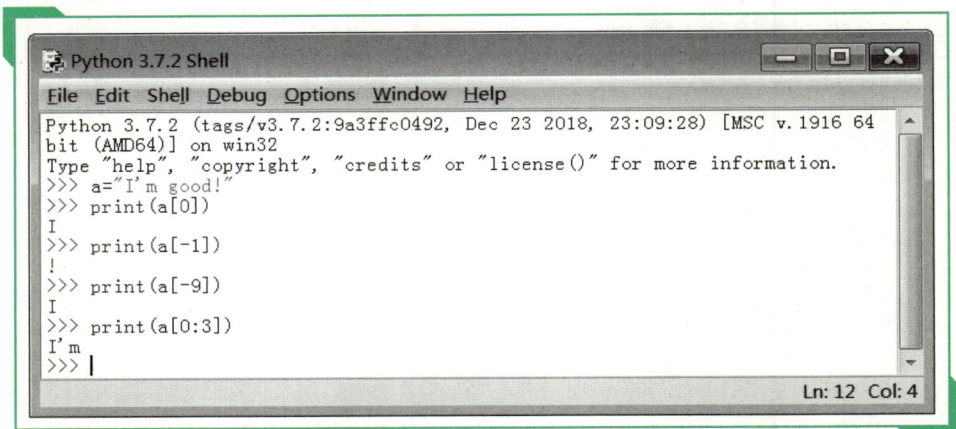

```
Python 3.7.2 Shell                                    _ □ X
File Edit Shell Debug Options Window Help
Python 3.7.2 (tags/v3.7.2:9a3ffc0492, Dec 23 2018, 23:09:28) [MSC v.1916 64
bit (AMD64)] on win32
Type "help", "copyright", "credits" or "license()" for more information.
>>> a="I'm good!"
>>> print(a[0])
I
>>> print(a[-1])
!
>>> print(a[-9])
I
>>> print(a[0:3])
I'm
>>>
                                                    Ln: 12 Col: 4
```

图3-6

图3-6中，变量a是一个字符串，有9个字符，从左到右，字符从0开始编号，所以a[0]的值是字符"I"。我们会发现，从右到左编号的a[-9]与a[0]指的是同一个字符。实际编程中，到底要从左到右还是从右到左找到所对应的字符，要看具体情况，哪种方法方便就用哪种。需要注意的是，a[0:3]表示编号是0到2的字符，不包含编号是3的字符。计算机编号从0开始，区间操作通常都是左闭右开区间。

（2）字符串的计算。

字符串运算还支持加法和乘法。两个字符串进行加法，就是连接起来，相当于两个文本合并成为一个文本；乘法即执行多次加法，字符串乘上一个数字n，表示n个这样的字符串连接在一起。

>>> a="This is "

>>> b="an apple"

>>> c=a+b

>>>print(c)

This is an apple

>>> c=b*3

>>>print(c)

an applean applean apple

（3）字符串的函数。

关于字符串的一些常用操作，这里通过表3-4列举一些函数，大家可以自己尝试运用。有关于字符串深入的内容，我们会在后面章节作详细讲解。

表3-4　字符串的常用函数

函数	作用	示例	结果
min()	求最小值	min("abCd")	'C'
max()	求最大值	max("abCD")	'b'
lower()	转成小写字母	"aBcd".lower()	'abcd'
upper()	转成大写字母	"aBcd".upper()	'ABCD'
strip()	去除两边的空格	" ABC ".strip()	'ABC'
isdigit()	判断是否全是数字	"3.14".isdigit()	FALSE
find()	从左往右在字符串中找到子字符串是否存在，若存在则返回第一匹配到的位置值，若不存在则返回 -1	"ABCabcabc".find("bc")	4
replace()	替换字符串	"abcd".replace("bc", "xy")	'axyd'
count()	统计出现次数	"acabac".count("ac")	2
join()	连接序列中的元素	"-=".join(["a", "12", "c"])	'a-=12-=c'
split()	分解字符串成列表	"a-b 2 3-c".split()	['a-b', '2', '3-c']

这里只是比较常用的函数的使用案例。其中split()函数在输入时比较常用，可以将多个数据分解开来。

3.6 类型转换函数

表3-5　类型转换函数

函数	作用	示例	结果
str()	转成字符串	str(3.14)	'3.14'
float()	转成浮点型	float(3)	3.0
int()	转成整型	int(3.14)	3
eval()	计算字符串表达式的值	eval("1+3.14*2")	7.28

通过前面的学习，我们已经学习了整型、浮点型、布尔类型和字符串型这几种数据类型，那么这几种数据类型可以互相转换吗？例如，可不可以把浮点型的数据转换为整型，不要带小数点部分。在Python中，提供了如表3-5的内置函数，可以使得这几个数据类型在适当的时候互相转换。

```
>>> a="1.0+2.0"
>>>print("值为",a)
值为 1.0+2.0
>>> b=eval(a)
>>>print("值为",b)
值为 3.0
>>> c=int(b)
>>>print("值为",c)
值为 3
>>> d=str(c)
>>>print("值为"+d)
值为3
```

第一条语句变量a是字符串类型，所示输出的结果为"值为 1.0+2.0"，接着变量b利用eval()函数计算字符串a表达式的值，输出的结果为"值为 3.0"，此时变量b是浮点型，我们通过int()函数把它转换为整型，赋值给变量c，输出结果为"值为 3"，注意此时3前面有空格，接着把变量c转换为字符串类型，赋值给d，既然d是字符串类型，所以可以跟"值为"字符串相加，输出结果为"值为3"，此时3前面没有空格。

3.7 本章小结

本章我们讲解了几种数据类型的运用，大家一定要弄清楚它们之间的区别，并学习和运用好它们，为下面章节的学习打好基础。此外，我们学习了Python的内置函数，关于这些函数内部是如何实现这些功能的，我们目前不需要了解得那么深入，只要会运用就行了，后面章节将会重点学习如何定义和使用函数。

第4章　程序的顺序结构

在上一章，我们已经了解Python中的变量与数据类型，这是程序设计的基础。此外，程序设计有三大控制结构，分别是顺序结构、选择结构和循环结构。本章我们学习顺序结构，主要就是要掌握信息的编程加工方法——输入、处理、输出。其中输入需要用到输入函数，处理需要用到各种运算符，输出需要用到输出函数。

4.1　输入

Python 3中的输入函数是input()，其返回值是字符串类型，本质上我们通过键盘打字是以字符串的形式输入一行数据。

输入的一般格式是：

变量名 = input("提示信息")

含义是将输入的内容，赋值给一个变量。换句话说，就是用一个变量来保存输入的数据。输入函数中的提示信息，可以填也可以不填。填写提示信息，会让程序的交互更加友好。

4.1.1　输入一个数据

这里我们先学习输入一个数据，其实就是一行只有一个数据。

```
>>> a=input("请输入你姓名：")
请输入你姓名：张三
>>> b=input("请输入你考试的成绩：")
请输入你考试的成绩：90
```

```
>>>print(type(a))
<class 'str'>
>>>print(type(b))
<class 'str'>
>>> a+b
'张三90'
```

虽然输入成绩90，我们自认为是一个整数，但通过type()函数查看变量b的类型时发现，b是字符串类型，所以一定要记住input()函数是以字符串的形式返回值的。

那么，现在我们需要求一个数字的平方怎么办？那就必须进行类型转换，将输入的字符串类型数据转成数字类型，再进行平方操作。

```
>>> a=input("请输入一个整数：")
请输入一个整数：5
>>> a=int(a)
>>>print(a*a)
25
```

4.1.2 输入多个数据

这里所说的多个数据，是指一行有多个数据。如求两个整数的和，如果是一行输入一个数据可以这样做：

```
>>> a=int(input())
3
>>> b=int(input())
5
>>>print(a+b)
8
```

但如果是一行输入两个整数，例如：

```
>>> a=input()
3 5
>>> a
'3 5'
```

可以看到字符3、空格、字符5都读入到变量a中，那么怎么把3和5分开来呢？这就要用到上一章讲到的字符串分解函数——split()。注意到3和5中间有一个空格，所以可以利用空格将字符串分解成两个元素的列表：

```
>>> a=a.split("")
>>> print(a)
['3', '5']
```

在Python语言中，把数据封装在中括号里面的类型，我们称为列表，有关列表的操作在第七章会详细讲到，这里大家只需知道列表里面元素的位置顺序是从0开始编号就可以，例如，a[0]就是字符串3，用int()函数可以得到数字3，我们将3和5分别保存到变量中，最后再输出来就可以了。

```
>>> n=a[0]
>>> type(n)
<class 'str'>
>>> n=int(n)
>>>print(n)
3
>>> m=int(a[1])
>>>print(n+m)
8
```

4.2 运算符

4.2.1 算术运算符

Python3中常用的算术运算符有加（＋）、减（－）、乘（＊）、除（／）、整除（／／）、取余（％）和乘方（＊＊）。加减乘除就不需要多说了，它们跟数学上的含义是相同的。整除类似于求商，如"10//3"的值是3；取余则是求余数，如"10 ％ 3"的值是1；乘方相当于数学上的幂运算符^，如"2**5"就是数学上的"2^5"，它的值是32。

```
>>> 8/2
4.0
>>> 7%3
1
```

```
>>> 5**3
125
```

注意：除法的结果是浮点类型，如8/2的结果是4.0，而不是整型4。

下面我们再看特殊的情况——整除和取余运算中有负数。

```
>>> 7//2
3
>>> -7//-2
3
>>> -7//2
-4
>>> 7//-2
-4
```

从这几个例子我们可以看出，被除数和除数如果是同号的，得出的结果为正数，不同号的得出来的结果为负数，再将得出来的结果向下取整，所谓向下取整的意思就是求出比该数小的最大整数，所以如果除法结果是3.5，最终得到的是3；如果除法结果是-3.5，最终得到的是-4。-4比-3.5小，同时它是比-3.5小的最大整数。

```
>>> 7%3
1
>>> -7%3
2
>>> 7%-3
-2
>>> -7%-3
-1
```

仔细观察上面四个等式，可以发现取余的答案是正数还是负数，与除数有关系，除数是正数，那么答案是非负数，除数是负数，那么答案就是非正数。Python 3中，取余运算a % b本质是这样的：a - a // b * b。

4.2.2　赋值运算符

赋值运算符就是"="，可以将一个值或者计算结果赋值给变量，如"a = 5""a = 5 - 2"等。对于一些与自身计算有关的赋值，可以进行缩写，如自加

"a = a + 5"可以简写成"a += 5"，自除"b = b / 12"可以写成"b /= 12"。

要注意赋值运算符"="跟数学的等号是有区别的，虽然两者写法一样，但意义不同，在程序设计中等号是用"=="表示，我们会在关系运算符中讲到。表4-1列出了赋值运算符的复合计算方式。

表4-1　赋值运算符复合计算方式

运算符	描述	实例
=	简单的赋值运算符	c = a + b 将 a + b 的运算结果赋值给 c
+=	加法赋值运算符	c += a 等效于 c = c + a
-=	减法赋值运算符	c -= a 等效于 c = c - a
*=	乘法赋值运算符	c *= a 等效于 c = c * a
/=	除法赋值运算符	c /= a 等效于 c = c / a
%=	取模赋值运算符	c %= a 等效于 c = c % a
**=	乘方赋值运算符	c **= a 等效于 c = c ** a
//=	取整赋值运算符	c //= a 等效于 c = c // a

4.2.3　关系运算符

关系运算符是比较大小关系的，可以是数值之间进行的比较，也可以是变量值的比较，还可以是计算结果的比较。关系运算符有大于（>）、小于（<）、等于（==）、大于等于（>=）、小于等于（<=）、不等于（!=），其运算结果是布尔类型，如果关系成立，那么它的值就是True，否则它的值就是False。

```
>>> 1>2
False
>>> 1+3<5
True
>>> 1+3==9-5
True
>>> 5!='5'
True
```

上面是单个关系运算符的示例，下面我们示范多个关系运算符连在一起使用。

```
>>> 3>2>1
True
>>> (3>2)>1
False
>>> 3>2>1<2<3
True
```

在其他语言里，如C语言，"3>2>1"的值应该是False，因为同级运算符从左往右计算，先计算"3>2"是True，其值是1，接着计算"1>1"是False。但是在Python中，"3>2>1"表示3>2而且2>1，"3>2>1<2<3"表示3>2而且2>1而且1<2而且2<3，所有条件都成立，所以运算结果是True。但是建议大家不要这样写，最好运用逻辑运算符把这几个条件连接起来。

4.2.4 逻辑运算符

逻辑运算符，包括与（and）、或（or）、非（not）三个。

对两个操作数a和b进行and操作，只有它们都是True时，才返回True，否则返回False。

对两个操作数a和b进行or操作，只有它们都是False时，才返回False，否则返回True。

对一个操作数a进行not操作，如果a的值为True，则返回False；反之，如果a的值为False，则返回 True。

表4-2　逻辑运算符运算结果

a	b	a and b	a or b	not a
True	False	False	True	False
True	True	True	True	False
False	False	False	False	True
False	True	False	True	True

现在我们把上一节"3>2>1"改成两个条件"3>2"和"2>1"，并用逻辑运算符"and"连接起来，可以表示为"3>2 and 2>1"，这个表达式与"3>2>1"的意思是一样的。

4.2.5　位运算符

Python中位运算符有按位与（＆）、按位或（|）、按位异或（＾）、按位取反（~）、左移（<<）、右移（>>）。运算的时候，根据参与运算的数据的二进制编码逐位进行运算。要理解好位运算符，就需要先理解第一章提到的原码、反码、补码。

表4-3　位运算符使用方法

运算符	描述	实例
＆	按位与运算符：两个数据对应位都为1，则该位的结果为1，否则为0	13 & 11 的值是 9
|	按位或运算符：两个数据对应位都为0，则该位的结果为0，否则为1	3 | 9 的值是 11
＾	按位异或运算符：两个数据对应位都为相异时，则该位的结果为1，否则为0	13 ^ 11 的值是 6
~	按位取反运算符：对数据的每个二进制位取反，即把1变为0，把0变为1	~9 的值是 -10
<<	左移运算符：运算数的各二进位全部左移若干位，高位丢弃，低位补0	3 << 4 的值是 48
>>	右移运算符：运算数的各二进位全部右移若干位，低位舍去，对正数高位补0，对负数高位补1（还可能跟编译器有关）	15 >> 2 的值是 3

整数在计算机里是以补码来存储的。原码即真值，首位表示符号位，剩余位即该数绝对值的二进制编码。如-3，负数首位用1表示，3的编码是11，如果用8位表示，那么-3的原码就是1000 0011。正数的原码、反码和补码都是一样的。13的补码是0000 1101，11的补码是0000 1011，这两个二进制编码逐位进行&运算可以得到0000 1001，这个二进制的值就是9。

0000 1101

&0000 1011

0000 1001

对于负数的补码，符号位保持不变，反码是原码的取反，补码是反码加

1。如-3的补码是1111 1101。

-3的原码：1000 0011

-3的反码：1111 1100

-3的补码：1111 1101

为什么~9的值是-10呢？我们先看计算结果，9的编码是0000 1001，通过~运算符号取反后是1111 0110。把这个数转回原码，计算过程如下：

补码：1111 0110

反码：1111 0101

原码：1000 1010

4.2.6　成员运算符

一个序列里面有很多个元素，比如一个字符串里面可以有很多个字符。我们要判断一个值是否在这个序列里面，可以使用成员运算符in，如果在序列中就返回True，否则返回False。not in则相反，在序列中返回False，否则返回True。

```
>>>'a'in"abcdefg"
True
>>>"a"not in"abcdefg"
False
```

4.2.7　运算符优先级

运算符是有优先级的，比如"1+2*3"会先算"2*3"，再算"1+6"，具体优先级顺序请看下表：

表4-4　运算符号优先级

运算符	描述
()	小括号，最高优先级
**	乘方
~，+，-	按位取反，正负号
*，/，%，//	乘、除、取模、整除
+，-	加法、减法
<<，>>	左移、右移运算符

（续表）

运算符	描述
&	按位与
^，|	按位或、按位异或
<=，<，>，>=，==，!=	比较运算符
in,not in	成员运算符
and,or,not	逻辑运算符

下面是程序实例，如果有疑问可以多编写例子验证。由第三个例子可以看出，乘方的优先级较高，所以先算2的4次方是16，再取相反数，为-16。如果先算负号，那么-2的4次方应该是16。如果记不住那么多运算符的优先级，可以加小括号。

```
>>> 1+8//3*3
7
>>> -5*-5- -10//-2
20
>>> -2**4
-16
>>> 1<<2+3
32
>>> 1+1>2 or 1+1<2
False
```

4.3 输出

输出函数是print()，只需要将要输出的内容放到括号里就可以将其输出到屏幕上。如果输出的内容只有一个，直接填进去就行；如果是多个值要输出到一行，那该怎么办呢？

4.3.1 连接符

输出函数print()默认输出内容之后就换到下一行，因为它默认用"\n"连接在每次输出内容的后面。其实，我们也可以指定连接符，只需要在函数内加入"end='连接符'"即可。

程序示例：

```
print(1, end=",")
print(3, end="\n")
print(5, end="")
print(7, end="-")
```

运行结果：

```
1,3
57-
```

程序中"end="\n""其实可以不写，因为默认就是用换行符连接。

4.3.2　逗号分隔

当我们想用空格连接多个数据的时候，没必要指定结束连接符，只需要用逗号连接就行。当然，不指定end，输出函数执行完会输出换行。

程序示例：

```
print(1, 3, 5)
print(2, 4, 6)
print("ab", "cd")
```

运行结果：

```
1 3 5
2 4 6
ab cd
```

4.3.3　加号连接

我们可以将要输出的内容全部转成str类型，用加号将这些字符串连接起来再输出。

程序示例：

```
a = input("请输入第一个数：")
b = input("请输入第二个数：")
c = int(a) + int(b)
print(a + "+" + b + "=" + str(c))
```

运行结果：

> 请输入第一个数：2
> 请输入第二个数：3
> 2+3=5

4.3.4　格式化输出

字符串是用引号括起来的，即使里面包含有变量名，输出时也只能看到变量的名字，看不到变量的值。

程序示例：

```
a = 3
>>> print("abc a b c")
```

运行结果：

> abc a b c

格式化输出可以实现将变量的值代入字符串中，它需要使用格式符。变量类型不一样，使用的格式符也不一样，十进制整数用"%d"，浮点型数用"%f"，字符串用"%s"，单个字符用"%c"，八进制数用"%o"，十六进制数用"%x"等。特别的，如果要输出"%"，用格式符"%%"。另外，在格式符中间加入数字可以设定位数，不足位数默认是补空格的，如"%5d""%7s"等。对于小数，还可以设置小数位数，如"%.2f"表示小数点后保留两位小数。

格式符写到字符串里面，字符串后面用"%"隔开，后面加上变量，多个变量需要用逗号隔开并用括号括起来，变量数量要与格式符数量相同且一一对应。如""a=%d b=%d" % (3, 1)"的值是""a=3 b=1""，本质是个字符串。

程序示例：

```
a = int(input("请输入整数："))
b = float(input("请输入小数："))
c = a + b
print("%d+%f = %.2f" % (a, b, c))
```

运行结果：

> 请输入整数：3
> 请输入小数：0.14
> 3+0.140000 = 3.14

4.3.5　format函数

字符串有一个函数，可以将字符串中的大括号替换成对应的值，这个函数就是format()。

（1）按顺序替换。

字符串中的大括号与format函数中的参数一一对应进行替换。

"{}{}{}".format("a", 5, "b")的值是"a5b"。

（2）指定编号。

可以在大括号里指定参数的编号，编号从零开始。

"{1}{0}{2}".format("a", 5, "b")的值是"5ab"。

（3）指定参数名称。

在大括号里面可以指定参数名称。

"{a}{b}{c}".format(a=123, c=456, b="xyz")的值是"123xyz456"。

程序示例：

```
a = int(input("请输入整数："))
b = float(input("请输入小数："))
c = a + b
print("{} + {} = {:.3f}".format(a, b, c))
```

运行结果：

```
请输入整数：3
请输入小数：0.14
3 + 0.14 = 3.140
```

format函数中也可以加入格式符，只是用的不是"%"，而是"："。

4.4　顺序结构

程序的顺序结构，是指程序的语句从上往下依次执行。在Python中，顺序结构的语句需要左对齐，如果有语句没有对齐，会报错误"unexpected indent"。

下面我们做一道顺序结构的题目——计算梯形的面积：输入梯形的上底、下底和高，输出它的面积。

程序流程图：

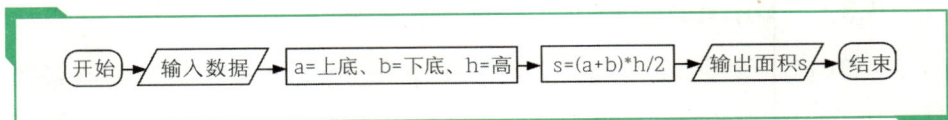

程序示例：

```
t = input("请输入上底、下底和高：").split()
a= int(t[0])
b= int(t[1])
h =int(t[2])
s = (a+b) * h / 2
print("面积是{}".format(s))
```

运行结果：

请输入上底、下底和高：8 12 9
面积是90.0

4.5　本章小结

　　本章我们学习了Python编程语言的基础知识，涵盖了顺序结构所包含的输入语句、输出语句和处理语句。处理语句里面有多种运算符号，如大家所熟悉的算术运算符和关系运算符，注意这些符号跟数学上的异同。大家应该多实践操作，最好是在程序设计平台网站做练习，凡事都是熟能生巧。

第5章　程序的选择结构

　　上一章我们运用顺序结构可以快速地写出计算面积的程序，其实不管是求面积还是求体积，或者是求电阻、温度转换，只要是有公式、能用数学式子来表达的，都可以按照"输入数据、计算结果、输出结果"的顺序，将程序写出来，实现特定的功能。但也有很多问题，顺序结构并不能解决，比如我们要判断一个数是奇数还是偶数，判断一个成绩是否及格，判断3条边能否组成三角形等，就需要用到选择结构。

5.1　选择结构

　　选择结构，也叫作分支结构。与顺序结构不同的是，选择结构中的语句并不一定都要执行，有些语句需要满足条件才会执行。使用选择结构，可以让计算机拥有判断、辨别的能力，能根据不同的输入得到对应的输出，从而实现更强大的功能。选择结构有单分支、双分支、多分支三种类型。

5.2　单分支

　　单分支中的语句满足条件才执行，不满足条件就不执行，并直接跳过分支中的语句。

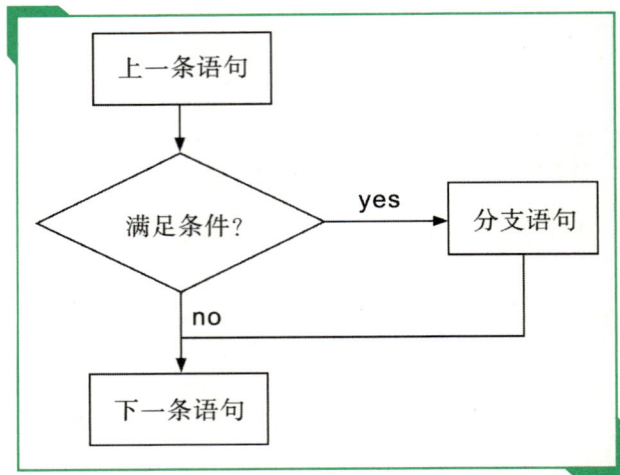

▲ 图5-1

单分支的一般格式是:

> 上一条语句
> if 条件:
>> 语句1
>> 语句2
> 下一条语句

其中"if"是分支结构的关键字，if后面跟的是条件，一般是比较大小关系的表达式，如果你的条件有多个，也可以加入not、and、or等逻辑运算符，条件后面是一个英文冒号，表示分支语句的开始，接下来是分支中的语句，需要缩进对齐，一般用一个制表符或者四个空格。

一般地，遇到":"，下一行都需要缩进，在选择结构、循环结构、函数定义中都是如此。Python中没有C语言中的大括号，也没有Pascal中的begin和end，靠的是缩进来识别程序的结构。因此，Python的每一行代码，前面的空格都不能随意设置，同一层次的语句，必须严格对齐，否则会报"unexpected indent"错误。

正因为同一层次的语句严格对齐，所以"上一条语句""下一条语句""if语句"被看成是同一级别的，按照从上往下的顺序依次执行，不管if语句条件成立不成立"下一条语句"都会被执行。

下面我们看几个例子。

【例1】判断正负数

输入一个非零整数，判断它是正数还是负数。

程序流程图：

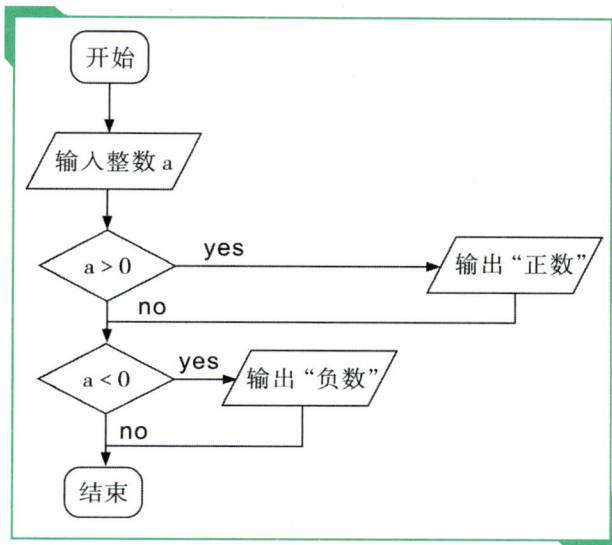

▲ 图5-2

程序示例：

```
a = int(input())
if a > 0:
        print("正数")
if a < 0:
        print("负数")
```

运行结果：

```
50
正数
```

注意在用if语句进行判断的时候，if语句当行最后的英文冒号不能忽略，如下面的错误实例1没有英文冒号，同时分支语句一定要缩进四个空格，错误实例2中的print()语句没有缩进，与if语句对齐了。

错误实例1：

```
a = int(input("请输入一个数"))
if a > 0
    print("正数")
if a < 0
    print("负数")
```

错误实例2：

```
a = int(input("请输入一个数"))
if a > 0:
print("正数")
if a < 0:
print("负数")
```

【例2】收集瓶盖赢大奖

某饮料公司最近推出了一个"收集瓶盖赢大奖"的活动：如果拥有10个印有"幸运"或20个印有"鼓励"的瓶盖，就可以兑换一个神秘大奖。

现分别给出拥有的印有"幸运"和"鼓励"的瓶盖数，判断是否可以去兑换大奖。

程序流程图：

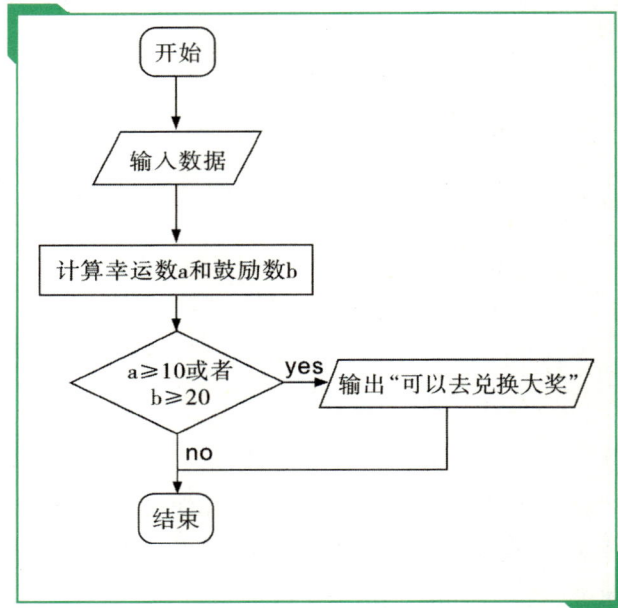

▲ 图5-3

程序示例：

```
s =input().split()
a = int(s[0])
```

```
b =int(s[1])
if a >= 10 or b >= 20:
        print("可以去兑换大奖")
```

运行结果:

9 20
可以去兑换大奖

5.3 双分支

双分支结构就是有两个分支,满足条件执行一个分支,不满足条件执行另外一个分支。两个分支必定有一个会被执行,另一个不被执行。

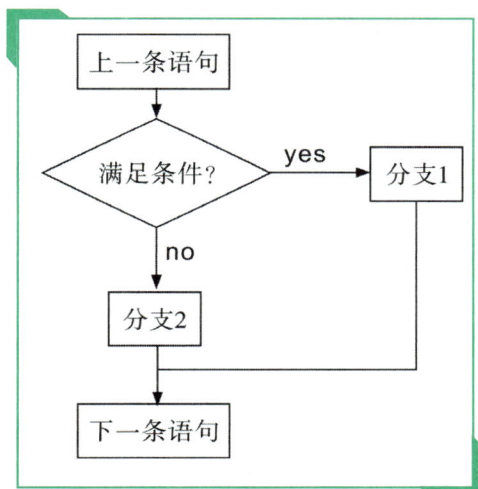

▲ 图5-4

双分支的一般格式:

```
上一条语句
if 条件:
        分支1
else:
        分支2
下一条语句
```

与单分支相比，多了一个"else"，可以理解成"其他情况、否则"的意思。不难理解，如果满足条件，程序就会执行"分支1"，否则执行"分支2"。其中的缩进还是一样的——同级别语句缩进对齐。结构中冒号也不需要死记，一般以冒号结尾下一行会自动缩进。

下面我们还是通过几道例题来理解双分支结构的应用。

【例3】判断三条边能否组成三角形

输入三行3个整数，分别表示三条边长，判断能否组成三角形？

分析：这道题目也可以用单分支来做。我们可以先写出能组成三角形的条件和不能组成三角形的条件。根据不同的条件，输出"可以组成三角形"或者"不可以组成三角形"。如果能组成三角形，那么任意两边之和都要大于第三边，即a+b>c and a+c>b and b+c>a；如果不能组成三角形，那么必有两条边之和不大于第三边，即a+b<=c or a+c<=b or b+c<=a。

程序示例：

```
a = int(input())
b = int(input())
c = int(input())
if a+b>c and a+c>b and b+c>a:
    print("可以组成三角形")
if a+b<=c or a+c<=b or b+c<=a:
    print("不可以组成三角形")
```

运行结果：

```
1
2
3
不可以组成三角形
```

当然，使用双分支来做更加方便。在这道题目中，能组成三角形的其他情况还是比较容易写出来的，如果遇到更难写的条件，用not可以解决，但使用else会更加方便。

程序流程图:

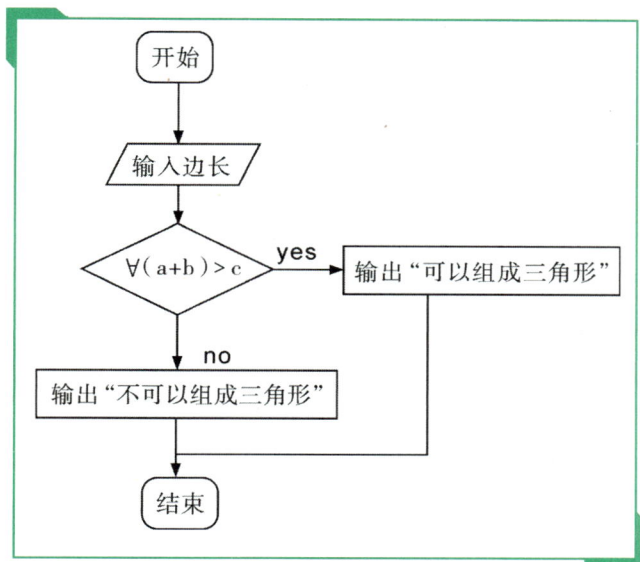

▲ 图5-5

程序示例:

```
a = int(input())
b = int(input())
c = int(input())
if a+b>c and a+c>b and b+c>a:
    print("可以组成三角形")
else:
    print("不可以组成三角形")
```

运行结果:

```
3
4
5
可以组成三角形
```

【例4】判断闰年

公历纪年法中能被4整除的大多是闰年,如2000年是闰年,但能被100整除而不能被400整除的年份不是闰年,如1900年是平年。输入一个1至3000的年份,判断该年是不是闰年。

分析：通过概括可知，4的倍数且不是100的倍数必定是闰年，400的倍数也是闰年，其他年份（3000以内）都不是闰年。这里用双分支就非常方便了，其他年份只需要用else就行。

程序流程图：

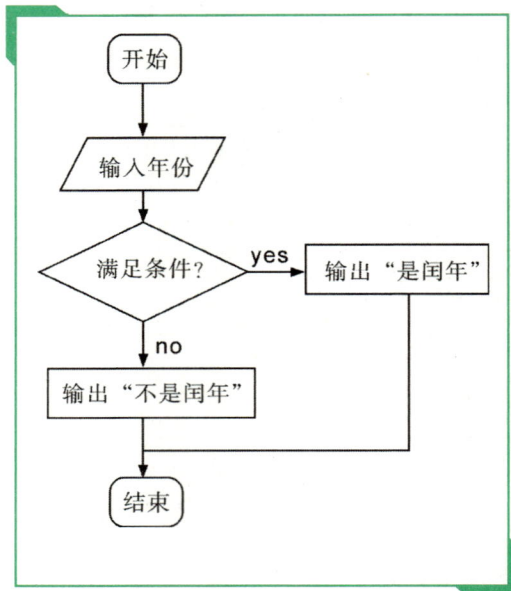

▲ 图5-6

程序示例：

```
y = int(input())
if (y%4==0 and y%100!=0) or (y%400==0):
    print("是闰年")
else:
    print("不是闰年")
```

运行结果：

```
1900
不是闰年
```

5.4 多分支

多分支结构就是有多个分支，但不管多少个分支，只会执行满足条件的分支，其他分支都不执行。

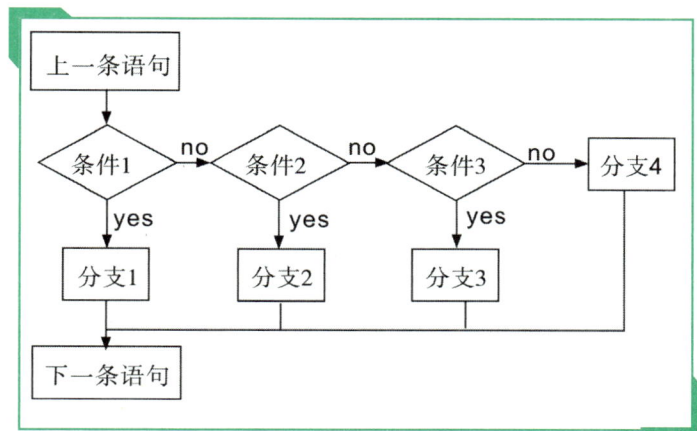

▲　图5-7

多分支的一般格式是：

　　　　　上一条语句
　　　　　if 条件:
　　　　　　　　分支1
　　　　　elif 条件:
　　　　　　　　分支2
　　　　　elif 条件:
　　　　　　　　分支3
　　　　　else:
　　　　　　　　分支4
　　　　　下一条语句

与双分支相比，增加了"elif"语句。这其实是"else if"的缩写，可以理解成"否则如果"。只有不满足上一个条件，才会进入"否则如果"后面的条件。因此，多个分支，逐个条件判断，只要有一个条件满足，就不会进入后面的分支了，即至多执行一个分支中的语句。

多分支结构中，最后面else语句是可以不写的。当不写else语句时，如果所有条件都不满足，那么一个分支也不会执行。写了else语句，在所有条件都不满足时，会执行else的分支。

多分支结构缩进和冒号的规则，跟双分支是一样的，同级别缩进对齐，以冒号结尾，下一行需要缩进。另外，对于分支结构，if后面一般跟着条件，没有条件就不会用到if来判断。

下面，我们来看一道例题。

【例5】评成绩

输入一个整数表示学生的期末成绩，请给该成绩评定等级：A（85~100）、B（75~84）、C（60~74）、D（0~59）。

分析：程序可以用4个单分支来解决这个问题，只是这样代码会比较冗长。用多分支就比较方便，先判断是否大于等于85，是就输出A，否则必定小于85，对于下一等级，只需要判断是否大于等于75即可，后续等级以此类推。

程序流程图：

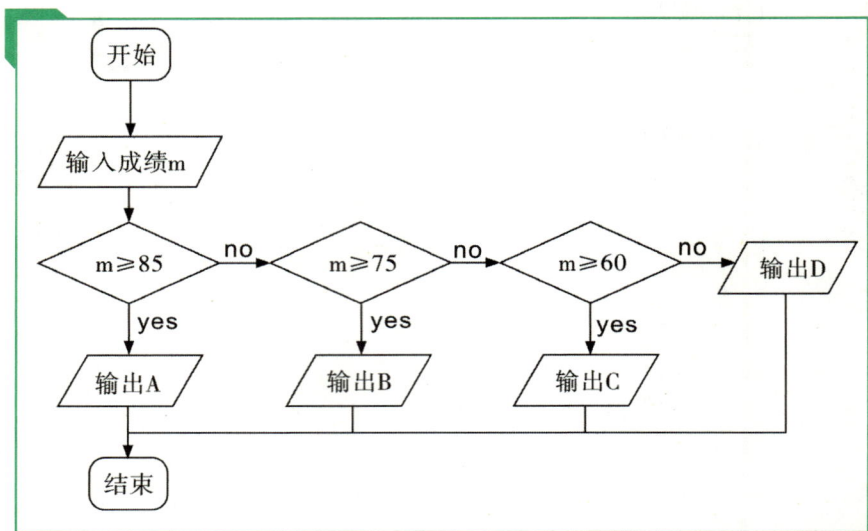

▲ 图5-8

程序示例：

```python
m = int(input())
if m >= 85:
    print("A")
elif m >= 75:
    print("B")
elif m >= 60:
    print("C")
else:
    pirnt("D")
```

运行结果：

$$75$$

$$B$$

5.5 分支嵌套

分支嵌套，就是将分支语句嵌入分支语句中。需要注意的是，不管怎么嵌套，同一层级的语句需要缩进对齐，需要有冒号的时候就要有冒号，而且对于每个子语句，都必须是符合语法要求的。

下面我们来看一个例子。

【例6】特殊三角形

输入三行三个正整数，分别表示三条边长，请判断这三条边能否组成三角形，如果能组成三角形，判断它是组成直角三角形、等腰三角形还是普通三角形。

分析：判断能不能组成三角形，可以用双分支。对于能组成三角形的情况，嵌入3个单分支逐一判断特殊三角形即可。如果觉得普通三角形比较难判断，可以用变量记录能否组成特殊三角形，最后根据该变量的值决定是否输出普通三角形。

程序示例：

```
a = int(input())
b = int(input())
c = int(input())
if a+b>c and a+c>b and b+c>a:
    te = 0
    if a*a+b*b==c*c or a*a+c*c==b*b or b*b+c*c==a*a:
        print("直角三角形")
        te = 1
    if a==b or a==c or b==c:
        print("等腰三角形")
        te = 1
    if te == 0:
```

```
                    print("普通三角形")
        else:
                    print("不可以组成三角形")
```

运行结果：

```
5
6
4
普通三角形
```

当然，认真思考会发现，等腰三角形和直角三角形是不可能同时成立的，因为输入的3条边都是整数，如果是等腰直角三角形，直角边是整数，斜边需要乘以$\sqrt{2}$。这样，我们可以嵌入一个多分支，用"其他情况"来表示普通三角形。

程序示例：

```
a = int(input())
b = int(input())
c = int(input())
if a+b>c and a+c>b and b+c>a:
    if a*a+b*b==c*c or a*a+c*c==b*b or b*b+c*c==a*a:
        print("直角三角形")
    elif a==b or a==c or b==c:
        print("等腰三角形")
    else:
        print("普通三角形")
else:
    print("不可以组成三角形")
```

运行结果：

```
3
2
3
等腰三角形
```

程序中的4个输出语句，必会只执行其中1个，只要我们把每一种输出的条件确定好，就可以用多分支去实现这个代码。

程序示例：

```
a = int(input())
b = int(input())
c = int(input())
if a*a+b*b==c*c or a*a+c*c==b*b or b*b+c*c==a*a:
    print("直角三角形")
elif a==b or a==c or b==c:
    print("等腰三角形")
elif a+b>c and a+c>b and b+c>a:
    print("普通三角形")
else:
    print("不可以组成三角形")
```

运行结果：

```
5
13
12
直角三角形
```

　　从这道例题可以看出，解决问题的方法可以是多种多样的，对于选择结构的多种形式，有时候是可以互相转换的。我们在编写程序解决问题的时候，只需要选择一种便于有效解决问题的方法就可以了。

5.6　本章小结

　　本章我们学习了Python语言的选择结构if语句，if语句有单分支、双分支、多分支以及嵌套分支，在编写代码过程中要注意一些细节问题，例如，if语句条件判断最后要有英文冒号，分支语句要通过缩进对齐的方式来实现。通过上面的例子，我们已经发现解决问题的方法，有时候是多种多样的。所以学习Python语言，重在解决与分析问题的思维过程。

第6章 程序的循环结构

程序的顺序结构、选择结构，语句至多执行1次，解决的问题通常都是比较简单的，甚至通过人工计算就可以较快解决。程序的循环结构，可以让语句执行多次，可以是10次、100次、1000次……重复做同一件事情，对于计算机来说是很方便的。进行100万次计算，计算机一般能在1秒内完成。下面，我们来学习循环结构，从而更好地利用计算机的计算资源。

6.1　循环结构

程序的循环结构有while和for，其中while循环是条件循环，for循环是计次循环。不管是哪一种循环，都可以让程序中的语句循环执行。这些循环执行的语句，叫作循环体。

6.2　while循环

while的意思是"当……的时候"，因此while循环也叫作当型循环。与分支结构中的if语句很相似，只是if语句是如果满足条件，就执行一次，而while语句则是当条件满足，就不断地执行。

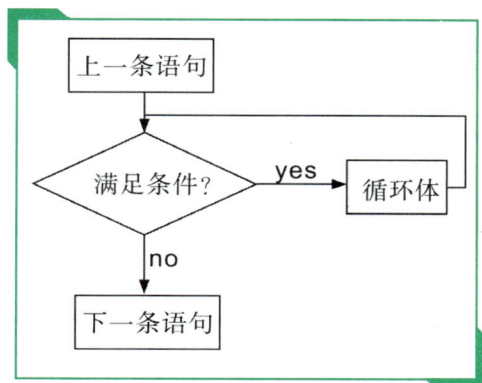

▲　图6-1

while循环的一般格式是：

> 上一条语句
>
> while 条件：
>
> > 语句1
> >
> > 语句2
>
> 下一条语句

其中语句1、语句2是循环体，当条件满足的时候，就一直执行，直到条件不成立，才会退出循环。循环体可以是一个语句，也可以是多个语句，不管多少个语句，都必须缩进对齐。另外，在循环体中，一般会有改变条件值的语句，不然条件永远成立，就会造成死循环。

程序示例：

> a = 1
>
> b =11
>
> while a < b:
>
> > a = a + 3
> >
> > print(a)

运行结果：

> 4
>
> 7
>
> 10
>
> 13

程序的循环体中，"a = a + 3"改变了a的值，从而让"a < b"的值发生改

变，避免a永远小于b造成死循环。另外，为什么会输出13呢？不是a小于b才进入循环吗？的确如此，但a的值是10的时候，还是进入循环了，10+3得到13，所以输出了13。对于while循环，要注意边界条件，避免因为大意而循环少了一次或多了一次，造成结果的错误。

下面我们来看几个例子。

【例1】n的最大值

1+2+3+…+n < 100，n最大值是多少？

分析：用变量s记录和，变量i记录加数，当和s<100的时候，加数i加1，和s加加数i，直到s>=100退出循环。因为s加了一个不该加的加数i，从而大于等于100以致不满足条件，所以最后的i是不该加的，应该加到i-1，输出i-1即答案。

程序流程图：

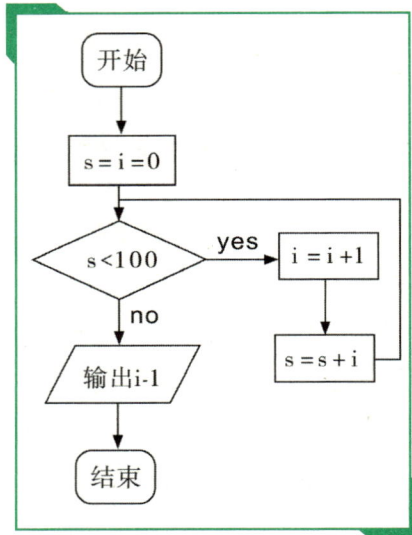

▲ 图6-2

程序示例：

```
s = i = 0
while s < 100:
    i = i + 1
    s = s + i
print(i-1)
```

运行结果：

13

思考：如果循环体的两个赋值语句交换一下顺序会怎样？

【例2】求各位数字的和

输入一个正整数，输出这个整数各位数字的和。

分析：一个正整数n，求各位数字的和，等于个位+十位+百位+…+最高位。个位很容易算，是n%10，后面的高位就比较难算了。我们可以将它们都转成个位！用一个变量s来记录和，加上个位后，个位就没有利用价值了，删掉它，那么原来是十位就变成了个位，百位就变成了十位……如何删掉它呢？整除10，这样逐位加起来，直到数字n变为0停止，所以循环条件是n > 0。

程序流程图：

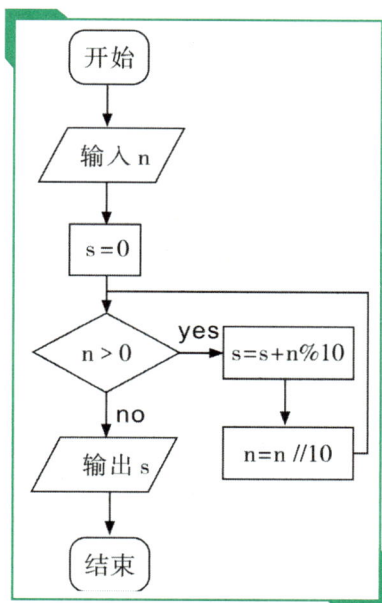

▲ 图6-3

程序示例：

```
n=int(input())
s=0
while n > 0:
    s=s+n%10
    n=n//10
print(s)
```

运行结果：

510375

21

【例3】求最大公约数

输入两个正整数，输出它们的最大公约数。

分析：用辗转相除法求两个数a和b的最大公约数，先求这两个数的余数r=a%b，如果余数不为零，那么继续求b和余数r的最大公约数。换句话说，就是当余数不为零，通过赋值，使得a=b，b=r，直到余数为0，输出b就是最大公约数。

a	b	r
15	55	15
55	15	10
15	10	5
10	5	0

程序流程图：

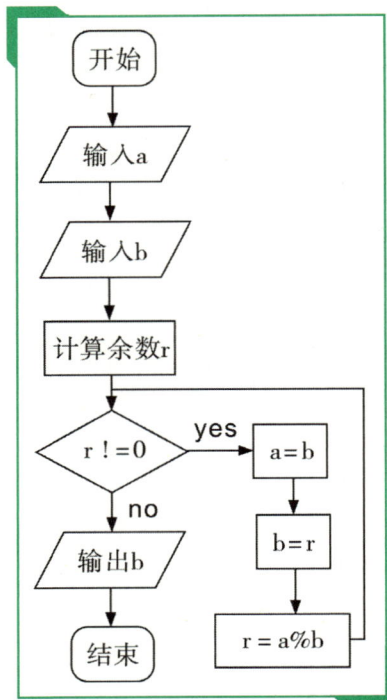

▲ 图6-4

程序示例：

```
a = int(input())
b = int(input())
r = a % b
while r != 0:
    a = b
    b = r
    r = a % b
print(b)
```

运行结果：

```
15
55
5
```

6.3　for循环

while循环是条件循环，循环体内需要有改变循环条件的语句；for循环则是计次循环，循环次数与循环体无关，循环一开始就已经确定循环次数了。

for循环的一般格式是：

```
上一条语句
for 变量 in 序列:
    循环体
下一条语句
```

序列是有范围的，是按照一定顺序排列起来的一列数据。在循环体中，变量的值依次是序列中每一个元素的值，序列中有多少个元素，就循环多少次。

6.3.1　range函数序列

range的中文意思是"范围"，在Python 2中，它会返回一个整数列表，而在Python 3中，它却是一个可迭代的对象，使用list函数可以将这个对象转换成列表。也就是说，Python 3中的range，不是列表，但用户可以根据自己的需求转换成列表，这样的好处是可以节省空间。列表占用的空间，跟元素个数有关，而迭代对象占用的空间并不是跟序列长度正相关。

程序示例：

```
print(range(5))
print(list(range(5)))
print(list(range(1, 9)))
```

运行结果：

```
range(0, 5)
[0, 1, 2, 3, 4]
[1, 2, 3, 4, 5, 6, 7, 8]
```

在Python 3中，range(5)的值是range(0, 5)，list(range(5))的值跟Python 2中的range(5)是一样的，即[0, 1, 2, 3, 4]，注意列表中并没有5，也就是说，range的右边界是不包含的。这跟其他语言很相似，从0开始编号，区间的表示一般是左闭右开。

下面，我们看for循环的示例。

程序示例：

```
for i in range(5):
    print(i)
```

运行结果：

```
0
1
2
3
4
```

从这例子可以看成，循环变量i，每次都是依次取0到4这个序列的每一个数字。那么，有人就会想，如果在循环体中，将i的值修改成其他数字，会不会导致循环次数改变呢？这是大多数学了C语言的人会想到的，但实际上循环次数是不会改变的。

程序示例：

```
for i in range(5):
    i=i+5
    print(i)
```

运行结果：

5

6

7

8

9

可以看到循环变量i每次从序列0到4依次取出每一个数，然后加上5，最后输出，接着i又从序列0到4取下一个数，直到序列最后一个数4。

range函数如果默认为一个参数n，那么序列就是表示从0到n-1，当然，我们也可以指定range的左边界，如range(1, 9)就是1到8的序列。

程序示例：

```
for i in range(2,6):
    print(i)
```

运行结果：

2

3

4

5

现在，range中的数字之间，默认是每次增加1的，这个增加的值也叫作步长值，我们也可以自己设定，只需要再增加一个参数即可。如我们希望每次加2，那么可以这样写：range(1, 9, 2)。

程序示例：

```
for i in range(1,9,2):
    print(i)
```

运行结果：

1

3

5

7

下面我们再看几个例子。

【例4】求约数个数

输入一个整数n，请问它有多少个约数？

分析：一个数n的约数，最小是1，最大是n。我们可以从1到n，逐个数字判断，如果是约数，约数个数累加1。

程序示例：

```
n = int(input())
c = 0
for i in range(1, n+1):
    if n%i == 0:
        c = c + 1
print(c)
```

运行结果：

```
9
3
```

思考：如果判断这个数是不是质数，要如何修改这个程序？

6.3.2 其他序列

列表是序列，元组是序列，字符串也是序列，都可以用于for循环中。

程序示例：

```
s = "abcdefg"
print(list(s))
for i in s:
    print(i)
```

运行结果：

```
['a', 'b', 'c', 'd', 'e', 'f', 'g']
a
b
c
d
e
f
g
```

在这个例子，循环变量i依次是字符串中的每一个字符。

程序示例：

```
a = [1, "b", 3, "d", 5]
```

```
            print(list(a))
            for i in a:
                    print(i)
                    a = a + [9]
            print(a)
```

运行结果：

```
            [1, 'b', 3, 'd', 5]
            1
            b
            3
            d
            5
            [1, 'b', 3, 'd', 5, 9, 9, 9, 9, 9]
```

在这个例子，循环变量i依次是列表[1, "b", 3, "d", 5]中的每一个元素，虽然循环体中列表a不断增加元素，但并不影响循环的次数。

6.4 continue、break和else

循环体中，可以使用continue和break语句。continue是"继续"的意思，表示继续下一次循环，循环体中continue执行后，其循环体内以下的语句暂停执行1次；break则有"破坏、打破"的意思，能让循环提前结束。

程序示例：

```
            for i in range(1, 5):
                    if i == 2:
                            continue
                    print(i)
```

运行结果：

```
            1
            3
            4
```

可以看到在第二次循环的时候，循环变量i的值等于2，被continue，导致本次循环没有全部执行完毕，即跳过了下面的print(i)语句，没有输出2，而执行了下一次循环。

程序示例：

```
for i in range(1, 5):
    if i == 2:
        break
    print(i)
```

运行结果：

```
1
```

可以看到输出结果只有1，在执行第二次循环的时候，循环变量i的值等于2，被break，跳出整个循环体，不再执行循环体的语句，循环提前结束，所以就没有输出后面的内容。

那么，什么是else呢？在循环结构中，如果循环正常结束，那么最后一次循环因条件不满足，不执行循环体，但会执行else语句。如果循环体有break语句，因某种原因中途被break退出，就不执行else语句。不管是while循环，还是for循环，都可以使用continue、break和else语句。

程序示例：

```
i = 5
while i < 10:
    i = i + 3
else:
    print("i >= 10")
print(i)
```

运行结果：

```
i >= 10
11
```

程序正常结束了，进入else语句，输出了"i >= 10"。

程序示例：

```
i = 5
while i < 10:
    i = i + 3
    if i == 8:
```

```
                    i = 26
                    break
            else:
                    print("i >= 10")
            print(i)
```

运行结果：

```
                    26
```

由于5+3=8，满足break执行的条件。执行break语句后，循环提前结束，非正常结束就不执行else语句，即使最终i=26，大于等于10，还是没有进入else语句，所以没有输出"i >= 10"。

下面我们再看几个例子。

【例5】质数判断

输入一个正整数n，判断它是不是质数。

分析：我们可以统计整数n的约数个数，如果是两个，那么就是质数，否则不是。但这样的效率偏低，因为如果遇到一个很大的合数，在前面找到一个约数就可以判断它不是质数，并停止循环。这个时候，我们就可以使用break语句。

程序示例：

```
            n = int(input())
            for i in range(2, n):
                    if n % i == 0:
                            print("不是质数")
                            break
            else:
                    print("是质数")
```

运行结果：

```
            37
            是质数
```

程序从2到n-1寻找n的约数，只要找到一个约数，就可以输出"不是质数"，并提前退出循环；最后通过else判断是否正常退出循环，如果是正常退出循环，那么就说明没有break，也就是没有找到约数，所以输出"是质数"。

6.5 嵌套循环

循环嵌套就是将循环语句嵌套到循环语句里面，可以是二重嵌套，也可以是三重嵌套，还可以是四重嵌套……对于循环嵌套一定要理解好几个循环变量的变化情况，这里以两个循环嵌套为例，讲解循环变量的值。

程序示例：

```
for i in range(1,4):
    print("i=",i,end=" ")
    for j in range(1,9):
        print(j,end=" ")
    print()
```

运行结果：

```
i= 1 1 2 3 4 5 6 7 8
i= 2 1 2 3 4 5 6 7 8
i= 3 1 2 3 4 5 6 7 8
```

可以看到外面循环i的值为1的时候，里面的循环变量j从1到8循环8次，接着又来到外面循环，i的值为2，里面的循环变量j又从1到8循环8次，以此类推。是不是觉得这种循环形式跟时钟有点相似？秒针走一圈，分针就增加1，然后秒针又从头走一圈。如果记住这一点，相信大家对三重嵌套、四重嵌套也能推算出来，不妨动手验证一下。

【例6】九九乘法表

输出九九乘法表。

分析：九九乘法表共有9行，需要循环9次：第1行有1个等式，循环1次；第2行有2个等式，循环2次：第i行有i个等式，循环i次。

程序示例：

```
for i in range(1, 10):
    for j in range(1, i+1):
        print("{}*{}={:2d} ".format(i, j, i*j), end="")
    print()
```

运行结果：

```
1*1= 1
```

```
2*1= 2 2*2= 4
3*1= 3 3*2= 6 3*3= 9
4*1= 4 4*2= 8 4*3=12 4*4=16
5*1= 5 5*2=10 5*3=15 5*4=20 5*5=25
6*1= 6 6*2=12 6*3=18 6*4=24 6*5=30 6*6=36
7*1= 7 7*2=14 7*3=21 7*4=28 7*5=35 7*6=42 7*7=49
8*1= 8 8*2=16 8*3=24 8*4=32 8*5=40 8*6=48 8*7=56 8*8=64
9*1= 9 9*2=18 9*3=27 9*4=36 9*5=45 9*6=54 9*7=63 9*8=72 9*9=81
```

一般地，双重循环，第一重循环控制行，第二重循环控制列。

【例7】分解质因数

输入一个正整数n，从小到大输出它的所有质因子。

分析：我们可以先找出n的所有因子，再逐个判断它们是不是质数，是质数才输出。

程序示例：

```
n = int(input())
for i in range(2, n+1):
    if n%i == 0:
        for j in range(2, i):
            if i%j == 0:
                break
        else:
            print(i)
```

运行结果：

```
3210
2
3
5
107
```

6.6 本章小结

　　本章我们学习了while语句和for语句，这两个语句都是充分利用计算机计算快的特点，重复执行某些语句多次。在循环过程中要注意循环条件和循环次数，理解循环变量的变化对我们写好循环语句大有帮助。本章在讲解range函数时提到序列和列表，在下一章我们会继续深入学习。

第7章　列表和元组

前面我们学习程序设计的三种结构：顺序结构、选择结构和循环结构，同时也学习了Python语言用变量来存储数据。但是有时候在解决某些实际问题的时候，我们会发现仅仅靠变量往往不够用，比如说要存储一个班所有同学的成绩，或者一个月气温的情况，这些都需要用到几十个变量来处理，很不方便。本章将给大家介绍Python语言存储数据的另外一种"数据结构"。所谓"数据结构"，就是以某种方式管理数据，并将这些数据组合在一起的集合。

7.1　序列

跟其他计算机语言一样，在Python语言中，有很多数据结构类型。其中最基本的数据结构就是序列。在数学里，序列也称为数列，是按照一定顺序排列起来的一列数。

在Python中，序列包含列表、元组、集合、字典和字符串。字符串也是序列中的一种，序列中的每一个数据（元素）都有位置编号，也称为索引值，其中第一个数据也就是第一个元素的索引值为0，第二个元素的索引值为1，以此类推。注意，索引值是从0开始，而不是从1开始，如图7-1所示。

元素1	元素2	元素3	元素…	元素n-1	元素n
0	1	2	…	n-2	n-1

◀ 索引值

▲　图7-1

图7-1的索引值可以是从左到右的排列方式，也可以是从右到左的排列方式，不过这个时候的索引值是负数，最右边的元素的索引值为-1，倒数第二个

的索引值为-2，以此类推，如图7-2所示。也就是说序列最后一个元素，既可以通过索引值为n来引用，也可以通过序列索引值为-1来引用。

元素1	元素2	元素3	元素…	元素n-1	元素n
-n	-（n-1）	-（n-2）	…	-2	-1

索引值

▲ 图7-2

7.2 列表

在Python中，列表是把很多数据组织在一起的、可操作的数据结构之一，里面的每一个数据称为元素，元素之间的数据类型可以各不相同，可以为整数、实数、字符串等基本类型，也可以是列表、元组、字典等数据类型。这些元素都必须放在一对中括号[ ]中，并使用逗号分隔开。

7.2.1 列表的创建和删除

（1）列表的创建。

创建Python的列表很简单，例如下面的代码，就是创建一个空列表，里面什么内容都没有。

mylist=[ ]

也可以创建一个带有内容的列表，例如下面的代码，里面的内容包含了整数、实数、字符串，甚至可以在里面嵌套另一个列表，可见列表里面的元素的数据类型是可以不同的。

mylist=[134,"hello",1.5,[34,23,34],134]

从上面代码中，我们还可以得出列表跟数学中的集合不同，数学中的集合要求里面的元素是唯一的，但这里的列表可以存储两个相同的内容，如数值134。

虽然说列表里面的元素可以放不同类型的数据，但通常情况下，还是建议在一个列表中只放入一种数据类型，这样可以提高程序的正确性。

在Python中，有一个list()函数，可以把一个序列转化为列表。list函数的基本语法如下：

list(data)

其中小括号里面的data就是要转换为列表的源数据，它的类型可以是字符

串、元组、range对象等。例如:

>>> mylist=list((1,2,3))

>>> mylist

[1, 2, 3]

（1,2,3）是元组，关于元组我们在下一节将会学习。

>>> mylist=list("hello")

>>> mylist

['h', 'e', 'l', 'l', 'o']

上面代码"hello"是一个字符串，最终这个字符串被拆成一个个字母作为mylist这个列表里面的每一个元素。

>>> mylist=list(range(1,10,2))

>>> mylist

[1, 3, 5, 7, 9]

上面代码创建了1到10的所有奇数。

（2）删除列表。

删除列表很简单，只要用到del语句就可以将其对应的列表删除。其语法格式如下:

del 列表名

使用del语句要注意，就是在删除所对应的列表前，该列表必须存在，否则将会出错。如图7-3所示，第一条del mylist没有问题，但是第二条del mylist尝试删除一个不存在的列表，结果提示错误。

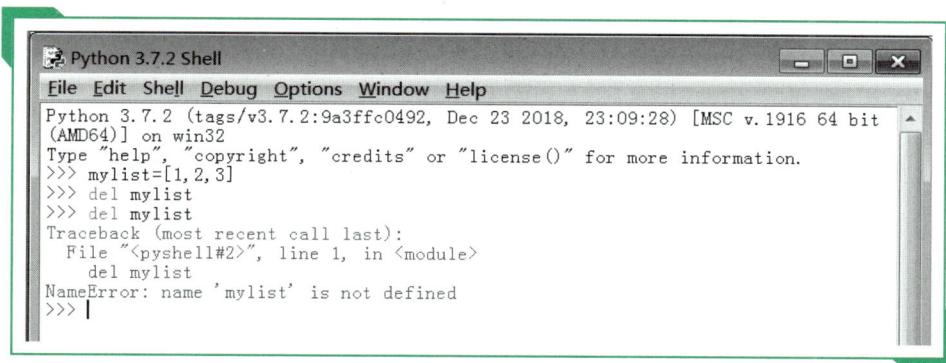

```
Python 3.7.2 Shell
File  Edit  Shell  Debug  Options  Window  Help
Python 3.7.2 (tags/v3.7.2:9a3ffc0492, Dec 23 2018, 23:09:28) [MSC v.1916 64 bit
(AMD64)] on win32
Type "help", "copyright", "credits" or "license()" for more information.
>>> mylist=[1, 2, 3]
>>> del mylist
>>> del mylist
Traceback (most recent call last):
  File "<pyshell#2>", line 1, in <module>
    del mylist
NameError: name 'mylist' is not defined
>>>
```

▲ 图7-3

在实际应用中，其实我们很少用到del语句，因为Python语言自带垃圾回收机制，所以如果没有手动删除没有用的列表，Python也会自动将其回收，释放内存。

7.2.2 列表元素的访问

在Python中，如果要想把列表里面的所有元素输出来，可以参考上一小节，直接写列表名字即可，如下面代码所示。

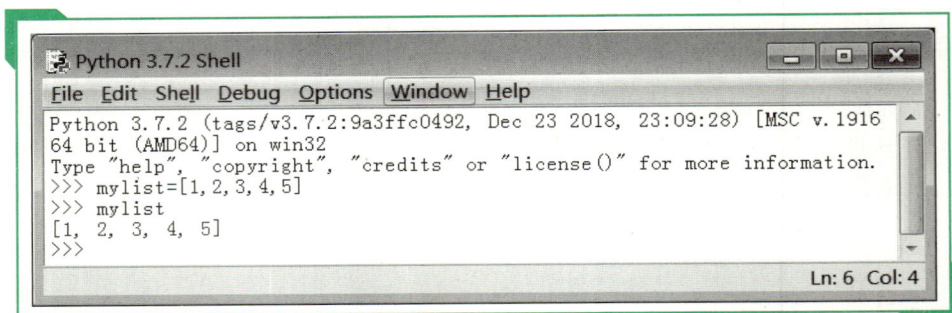

▲ 图7-4

但是这种方式只能在Shell窗口可行，要是写在"*.py"文件，必须得用print()函数输出来。如图7-5所示，在7.1py文件编写代码，接着执行Run操作，最后在Shell窗口才可以看到结果。

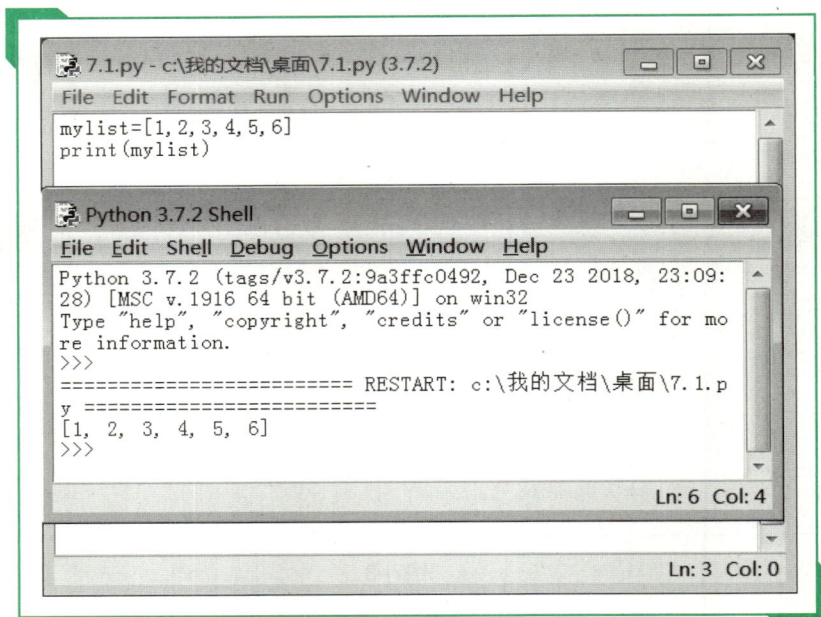

▲ 图7-5

当然遍历列表的所有元素还可以用到上一章介绍的for语句。其语法格

式为:

> for item in listname:
>> print(item)

其中，item用于存储获取到的元素值，listname是列表的名称。例如，我们定义一个叫作fruit的列表，然后用for语句遍历该列表，并输出元素值。

> fruit=["banana","orange","apple","pear"]
> for shuiguo in fruit:
>> print(shuiguo)

运行上面的代码，结果如图7-6所示:

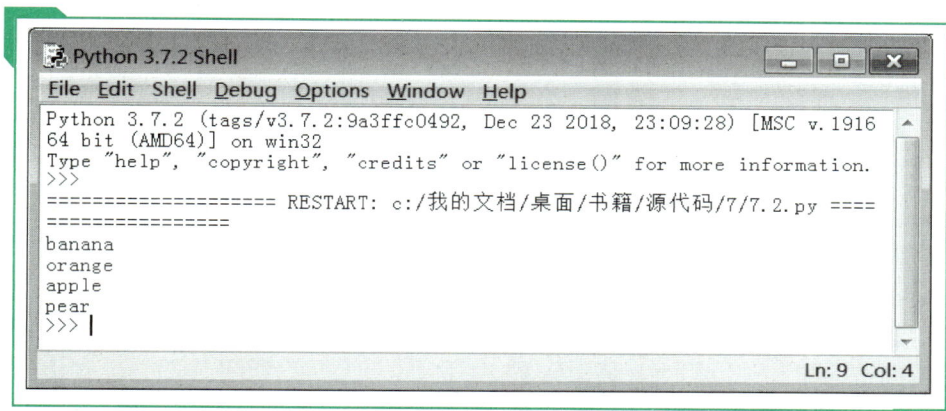

```
Python 3.7.2 Shell
File  Edit  Shell  Debug  Options  Window  Help
Python 3.7.2 (tags/v3.7.2:9a3ffc0492, Dec 23 2018, 23:09:28) [MSC v.1916
64 bit (AMD64)] on win32
Type "help", "copyright", "credits" or "license()" for more information.
>>>
==================== RESTART: c:/我的文档/桌面/书籍/源代码/7/7.2.py ====
================
banana
orange
apple
pear
>>> |
                                                                Ln: 9  Col: 4
```

▲ 图7-6

如果只是想获取列表里面单个元素的值，可以通过元素的索引值来引用。需要注意的是，列表的索引值是从0开始的。

> >>> fruit=["banana","orange","apple","pear"]
> >>> fruit[0]
> 'banana'
> >>> fruit[3]
> 'pear'

上面的列表fruit是比较简单的一维列表，如果遇到复杂的二维列表，如:

> number=[1,2,3,[4,5,6],7,8]

可以看到number列表索引值为3的元素是一个列表，对于这种列表中的列表，同样可以采用索引值的方法进行引用，方法如下:

> number[3][0]

上面代码利用这种索引值的方式获取到列表number里面值为4的数据，但是有时候我们需要获取列表某一范围的数据，也就是获取多个元素。这时候可以用到列表的分片。列表的分片方法语法格式如下：

listname[start:end:step]

其中listname是列表的名称；start是分片的开始位置（包含该位置），如果不写，默认为0；end是分片的结束位置（不包含该位置），如果不写，默认为列表的长度；step是步长，跟for语句的意义一样，如果不写，默认为1，且最后一个冒号可以不写。下面代码用到了列表的分片方法，其结果如图7-7所示。

```python
fruit=["banana","orange","apple","pear","grape","peach","plum"]
print(fruit[1:6])
print(fruit[1:6:2])
print(fruit[:4])
print(fruit[4:])
```

```
Python 3.7.2 Shell
File  Edit  Shell  Debug  Options  Window  Help
Python 3.7.2 (tags/v3.7.2:9a3ffc0492, Dec 23 2018, 23:09:28) [MSC v.1916 64 bit
(AMD64)] on win32
Type "help", "copyright", "credits" or "license()" for more information.
>>>
==================== RESTART: c:/我的文档/桌面/书籍/源代码/7/7.3.py ============
=========
['orange', 'apple', 'pear', 'grape', 'peach']
['orange', 'pear', 'peach']
['banana', 'orange', 'apple', 'pear']
['grape', 'peach', 'plum']
>>>
                                                              Ln: 9  Col: 4
```

▲ 图7-7

关于列表的分片拷贝，大家要注意如下特点：

```python
>>> list1=[1,9,4,7,2,0,8]
>>> list2=list1
>>> list3=list1[:]
>>> print(list2)
[1, 9, 4, 7, 2, 0, 8]
>>> print(list3)
[1, 9, 4, 7, 2, 0, 8]
```

```
>>> list1[0]=5;
>>> print(list1)
[5, 9, 4, 7, 2, 0, 8]
>>> print(list2)
[5, 9, 4, 7, 2, 0, 8]
>>> print(list3)
[1, 9, 4, 7, 2, 0, 8]
```

通过上面的例子，我们可以发现通过列表的分片list3=list1[:]，list3向计算机申请另一块内存，然后把list1列表的元素值复制到这块刚申请的内存中。此时list3与list1占用不同内存，所以对list1进行修改，都不会影响它，但是list2=list1语句，是对list1这块内存再命名一个名字，这块内存既叫list1，又叫list2，所以对list1进行修改，会影响list2；同样，对list2进行修改，也会影响list1。

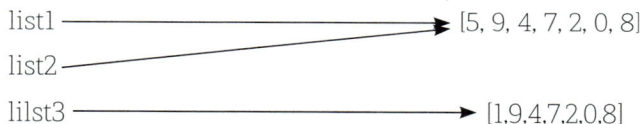

```
list1 ————————————————————→ [5, 9, 4, 7, 2, 0, 8]
list2 ————————————————————↗
lilst3 ———————————————————→ [1,9,4,7,2,0,8]
```

7.2.3　列表的基本操作

在Python中，列表是可修改的序列。在实际应用中，经常需要对列表进行更新。下面我们来学习如何对列表进行添加元素、修改元素和删除元素。

（1）添加元素。

要向列表添加元素，可以使用列表的append()函数，该函数实现把它括号里面的内容添加到列表的末尾。其语法格式为：

```
listname.append(item)
```

listname是列表名称，item是要添加到列表末尾的内容。例如下面的代码：

```
>>> fruit=["banana","orange","apple","pear","grape","peach"]
>>> fruit.append("plum")
>>> print(fruit)
['banana', 'orange', 'apple', 'pear', 'grape', 'peach', 'plum']
```

append()函数实现在列表末尾添加内容，insert()函数则可以实现在列表的任意位置插入元素。其语法格式为：

listname.insert(pos,item)

listname是列表名称，pos是插入的位置，item是添加在列表的内容。如下代码所示：

```
>>> fruit=["banana","orange","apple","pear","grape","peach"]
>>> fruit.insert(0,"plum")
>>> print(fruit)
['plum','banana','orange','apple','pear','grape','peach']
```

注意append()函数每次只能添加一个元素到列表的末尾，不能添加多个元素到列表的末尾，例如下面的代码是错误的：

```
>>> fruit=["banana","orange","apple","pear","grape"]
>>> fruit.append("plum","peach")
Traceback (most recent call last):
  File "<pyshell#1>", line 1, in <module>
    fruit.append("plum","peach")
TypeError: append() takes exactly one argument (2 given)
```

要想实现在列表的末尾添加多个元素，可以通过多次调用append()函数来实现，不过这里介绍另一个函数extend()，该函数可以实现向列表添加多个元素，其语法格式为：

listname1.extend(listname2)

listname1和listname2都是列表，也就是说extend括号里面的内容要求是一个列表。如下代码所示：

```
>>> fruit=["banana","orange","apple","pear","grape"]
>>> fruit.extend(["plum","peach"])
>>> print(fruit)
['banana','orange','apple','pear','grape','plum','peach']
```

（2）修改元素。

要修改列表的元素只需要通过索引值获取该元素，然后再为其重新赋值。如下代码所示：

```
>>> fruit=['banana', 'orange', 'apple', 'pear', 'grape','peach','plum']
>>> fruit[6]="李子"
>>> print(fruit)
['banana','orange','apple','pear','grape','peach','李子']
```

（3）删除元素。

从列表中删除元素，Python语言提供了两个函数：remove()和pop()函数。remove()函数的语法格式为：

listname.remove(item)

listname是列表名称，item是列表里面元素的值，一定要保证item在列表中存在，否则删除的时候将会出错。如下代码所示：

>>> fruit=['banana', 'orange', 'apple', 'pear', 'grape','peach','plum']

>>> fruit.remove("apple")

>>> print(fruit)

['banana', 'orange', 'pear', 'grape', 'peach', 'plum']

>>> fruit.remove("apple")

Traceback (most recent call last):

  File "<pyshell#14>", line 1, in <module>

    fruit.remove("apple")

ValueError: list.remove(x): x not in list

remove()函数并不能删除指定某一个位置的元素，这时候可以用pop()函数，其语法格式为：

listname.pop(position)

listname是列表名称，position是一个整数，是指定要删除元素的索引值，如果不写，则代表删除列表最后一个元素。如下代码所示：

>>> fruit=['banana', 'orange', 'apple', 'pear', 'grape','peach','plum']

>>> fruit.pop(1)

'orange'

>>> print(fruit)

['banana', 'apple', 'pear', 'grape', 'peach', 'plum']

>>> fruit.pop()

'plum'

>>> print(fruit)

['banana', 'apple', 'pear', 'grape', 'peach']

7.2.4 列表的高级操作

（1）len()函数：求列表的长度，其语法格式为：

len(listname)

括号里面的listname是列表的名称。如下代码所示：

```
>>> fruit=["apple","pear","banana"]
>>> len(fruit)
3
>>> listnumber=list(range(5))
>>> len(listnumber)
5
```

（2）clear()函数：清空列表中的所有元素，其语法格式为：

listname.clear()

listname表示列表的名称，clear()函数括号里面的内容为空。如下代码所示：

```
>>> fruit=["apple","pear","banana"]
>>> fruit.clear()
>>> print("fruit已经清空，里面内容为：",fruit)
```

fruit已经清空，里面内容为：[]

（3）count()函数：获取指定元素出现的次数，其语法格式为：

listname.count(item)

listname表示列表的名称，item就是要获取的元素，count()函数是精确匹配，即不能是元素值的一部分，最后得到item在列表中出现的次数。如下代码所示：

```
>>> fruit=['banana', 'orange', 'apple', 'pear', 'grape','banana1','banana']
>>> num=fruit.count("banana")
>>> print(num)
2
>>> num=fruit.count("plum")
>>> print(num)
0
```

（4）index()函数：获取指定元素在列表首次出现的位置，其语法格式为：

listname.index(item,start,end)

listname表示列表的名称，item就是查找的内容，start和end两个变量参数表示列表listname查找的范围，不写的话，就是默认在整个列表中查找。注意index()函数括号里面查找的元素必须在列表中，否则会抛出异常。如下代码所示：

```
>>> fruit=['banana', 'orange', 'apple', 'pear', 'grape','banana']
>>> fruit.index("banana")
0
>>> fruit.index("plum")
Traceback (most recent call last):
    File "<pyshell#8>", line 1, in <module>
        fruit.index("plum")
ValueError: 'plum' is not in list
```

可以看到这里是返回第一个banana在fruit列表中的位置，如果要返回第二个banana在fruit列表中的位置，如下代码所示：

```
>>> fruit=['banana', 'orange', 'apple', 'pear', 'grape','banana']
>>> firstnum=fruit.index("banana")
>>> start=firstnum+1
>>> stop=len(fruit)
>>> print(fruit.index("banana",start,stop))
5
```

（5）in关键字：检查某元素是否是列表成员，其语法格式为：

```
item in listname
```

item就是要查找的元素，listname表示的是列表的名称。如果item是listname的某一个元素，将返回True，否则返回False。如下代码所示：

```
>>> fruit=['banana', 'orange', 'apple', 'pear', 'grape']
>>> print("orange" in fruit)
True
>>> print("plum" in fruit)
False
>>> print("plum" not in fruit)
True
```

not in关键字也是运用于检查某个元素是否在列表中，如果没有在列表中，返回True，否则返回False。

（6）copy()函数：复制列表中的元素，其语法格式如下：

listname.copy()

listname表示列表的名称，copy()括号里面没有内容，复制得到另一个新的列表。如下代码所示：

```
>>> fruit=['banana', 'orange', 'apple', 'pear', 'grape']
>>> fruit2=fruit.copy()
>>> fruit2.append("plum")
>>> print(fruit2)
['banana', 'orange', 'apple', 'pear', 'grape', 'plum']
>>> print(fruit)
['banana', 'orange', 'apple', 'pear', 'grape']
```

可以看得出复制出来的新列表跟原列表是属于不同内存的，修改了复制出来的fruit2列表，不影响原列表fruit的值。

（7）sum()、max()、min()分别求列表的元素和、最大元素值和最小元素值，其语法格式为：

sum(listname)

max(listname)

min(listname)

listname表示列表名称，一般要求listname里面的元素都是数值。如下代码所示：

```
>>> num=[3,7,5,1,2,4,5,7,9,0]
>>> print(sum(num))
43
>>> print(max(num))
9
>>> print(min(num))
0
```

（8）序列相加。

在Python中，通过"+"符号可以实现两个列表相连接的操作。如下代码所示：

```
>>> fruit=['banana', 'orange', 'apple', 'pear', 'grape']
>>> num=[3,7,5,1,2,4,5,7,9,0]
```

```
>>> print(num+fruit)
[3, 7, 5, 1, 2, 4, 5, 7, 9, 0, 'banana', 'orang', 'apple', 'pear', 'grape']
>>> print(num+"数字")
Traceback (most recent call last):
  File "<pyshell#11>", line 1, in <module>
print(num+"数字")
TypeError: can only concatenate list (not "str") to list
```

需要注意的是，"+"符号两边要求都是列表类型，如果一边是列表类型，另一边不是列表类型，将会出错。

（9）乘号*重复操作符。

在Python中，乘号*又叫作重复操作符，使用数字n乘以某一个列表，将会得到原序列的n次结果。如下代码所示：

```
>>> num=[13,42]*3
>>> print(num)
[13, 42, 13, 42, 13, 42]
```

（10）reverse()函数反转列表。

reverse()函数的作用是将整个列表反转，就是把排在列表末尾的元素放在列表的最前面，而原来排在最前面的元素放在最后面。其语法格式如下：

```
listname.reverse()
```

listname表示列表的名称，reverse()括号里面的内容为空。如下代码所示：

```
>>> num=[1,2,3]
>>> num.reverse()
>>> print(num)
[3, 2, 1]
```

（11）sort()函数实现对列表排序。

sort()函数可以实现对列表的内容进行排序，其语法格式如下：

```
listname.sort(func,key,reverse)
```

listname表示列表的名称。func是自定义的排序函数，也就是说，列表是按照什么样的算法来比较元素的。关于自定义函数，我们将在后面章节作详细讲解，现在可以忽略它，因为这个参数是可以不写的。key表示指定元素之间比较的方式，例如，"key=str.lower"表示在字符串列表排序过程中，不区分字母大小写。reverse默认不写的时候，为升序排列，如果指定值为True，则表示降序排列。

```
>>> fruit=["apple","BANANA","ORANGE","pear"]
>>> fruit.sort()
>>> print(fruit)
['BANANA', 'ORANGE', 'apple', 'pear']
>>> fruit.sort(key=str.lower)
>>> print(fruit)
['apple', 'BANANA', 'ORANGE', 'pear']
>>> num=[1,6,9,0,3,7]
>>> num.sort()
>>> print(num)
[0, 1, 3, 6, 7, 9]
>>> num=[1,6,9,0,3,7]
>>> num.sort(reverse=True)
>>> print(num)
[9, 7, 6, 3, 1, 0]
```

7.3　元组

接下来我们学习Python语言中另一种数据结构：元组。在Python语言中，可以将元组看作一种特殊的列表。它与列表的不同之处就是，元组内的元素不能发生改变。在形式上，列表是用中括号把所有元素包含其中，而元组可以不用括号，元素之间用逗号隔开，但是我们通常都用小括号把元组的元素包含其中。其语法格式如下：

tuplename=item1,item2,item3,…,itemn

其中tuplename表示元组名称，item1，item2，…，itemn表示元组中的元素。

7.3.1　元组的创建和删除

（1）元组的创建。

跟列表一样，我们可以创建一个空元组，里面什么内容都没有。

```
mytuple=()
```

也可以创建一个包含各种数据类型的元组，如下代码所示：

```
mytuple=(23,34,"python",(34,24,23),["苹果","李子","葡萄","橙子"])
```

这个mytuple元组包含了5个元素，其中索引值为3的元素为元组，索引值为4的元素为列表。在创建mytuple时也可以换成如下格式，即最外面不用小括号，小括号不是创建元组必需的。

```
mytuple=23,34,"python",(34,24,23),["苹果","李子","葡萄","橙子"]
```

所以在创建一个只有一个元素的元组的时候要特别注意，下面的代码不是创建元组：

```
mytuple=(1)
```

我们可以通过type()函数测试type括号里面的内容类型，如下代码所示：

```
>>> mytuple=(1)
>>> print(type(mytuple))
<class 'int'>
```

class 'int'表示mytuple是整型int数值，而不是元组。mytuple=(1)的代码其实就是相当于mytuple=1。那么如果想创建一个只有一个元素的元组怎么办呢？方法很简单，就是在这个元素后面加一个逗号，即mytuple=1,或者mytuple=(1,)，如下代码所示：

```
>>> mytuple=1
>>> print(type(mytuple))
<class 'int'>
>>> mytuple=(1)
>>> print(type(mytuple))
<class 'int'>
>>> mytuple=1,
>>> print(type(mytuple))
<class 'tuple'>
>>> mytuple=(1,)
>>> print(type(mytuple))
<class 'tuple'>
```

class 'tuple'说明type()函数里面括号的内容是元组类型。

在Python中，创建元组还可以用到tuple()函数，其语法格式如下：

```
tuplename=tuple(data)
```

tuplename表示元组的名称，data就是要转化为元组里面元素的初始数据，data可以是range对象、字符串、元组等。如下代码所示：

```
>>> mytuple=tuple(range(1,10))
>>> print(mytuple)
(1, 2, 3, 4, 5, 6, 7, 8, 9)
>>> mytuple=tuple("python")
>>> print(mytuple)
('p', 'y', 't', 'h', 'o', 'n')
```

（2）元组的删除。

元组的删除跟列表删除差不多，即用到del语句，其语法格式如下：

```
del tuplename
```

tuplename是元组的名称。其实在实际应用中，我们很少用这条语句，因为Python语言自带垃圾回收机制，当发现没有用的元组的时候，Python语言会自动回收它。

7.3.2 元组元素的访问

访问元组里面元素的值，跟列表无异，可以通过索引值或元组的分片方法来实现。如下代码所示：

```
>>> mytuple=(3,7,1,32,54,23,98,12)
>>> print(mytuple[3])
32
>>> print(mytuple[5:])
(23, 98, 12)
>>> mytuple[3]=0
Traceback (most recent call last):
    File "<pyshell#11>", line 1, in <module>
        mytuple[3]=0
TypeError: 'tuple' object does not support item assignment
```

当试图修改元组的值时，会提示出错。

如要遍历元组的元素，还可以像列表一样，用到for语句。其语法格式为：

```
for item in tuplename:
```

print(item)

其中，item用于存储获取到的元素值，tuplename是元组的名称。例如，我们定义一个叫作mytuple的元组，然后用for语句遍历该元组，并输出元素值：

mytuple=(3,7,1,32,54,23,98,12)

for item in mytuple:

print(item)

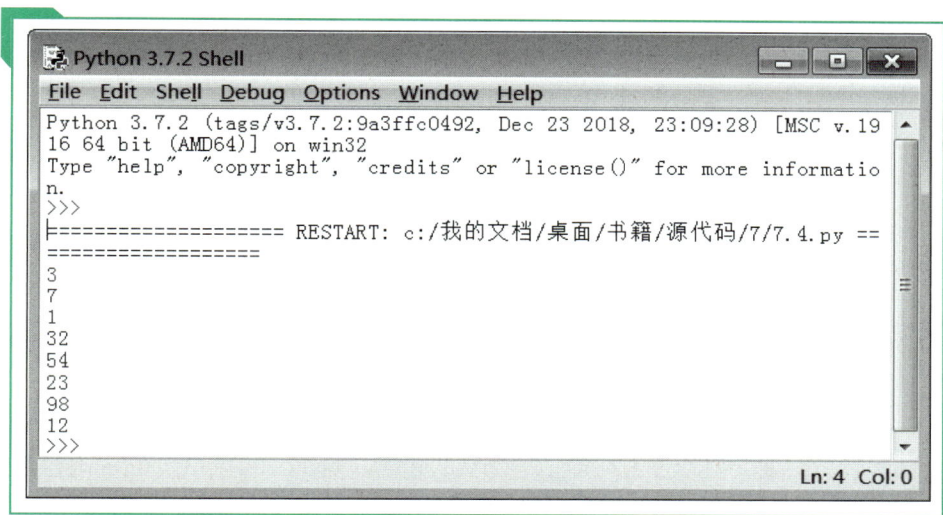

▲ 图7-8

7.3.3 元组的常用操作

元组跟列表一样，都属于序列，所以两者都具有一些相同操作。但由于元组的不可修改特性，用于列表的排序、替换、添加等方法，在元组中不能使用。可以使用的主要方法有计算元组个数、求元组中最大值、求元组中最小值等方法。

（1）len()函数：求元组的长度，其语法格式为：

len(tuplename)

括号里面的tuplename是元组的名称。如下代码所示：

>>> mytuple=(1,9,5)

>>> num=len(mytuple)

>>> print(num)

3

（2）在Python中，同样通过"+"符号可以实现两个元组相连接操作，如下代码所示：

```
>>> mytuple=(1,2,3)
>>> yourtuple=(4,5,6)
>>> ourtuple=mytuple+yourtuple
>>> print(ourtuple)
(1, 2, 3, 4, 5, 6)
>>> hislist=[7,8,9]
>>> everyone=mytuple+hislist
Traceback (most recent call last):
    File "<pyshell#9>", line 1, in <module>
        everyone=mytuple+hislist
TypeError: can only concatenate tuple (not "list") to tuple
```

跟列表的操作一样，需要注意的是"+"符号两边要求都是元组类型，如果一边是元组类型，另一边不是元组类型，将会出错。其实学习到这里，可以归纳总结为"+"符号要求两边的数据类型要一致，否则会出错。

注意我们并没有修改mytuple和yourtuple这两个元组，这两个元组的内容依然没有改变，只不过现在多了一个新的元组，叫作ourtuple，它的内容是mytuple和yourtuple两个元组的总和。

（3）乘号*重复操作符。

在前面的学习中，我们知道乘号*叫作重复操作符，使用数字n乘以某一个序列，将会得到原序列的n次结果。同样乘号*操作可以运用于元组中。如下代码所示：

```
>>> mytuple=(1,2)
>>> print(mytuple*3)
(1, 2, 1, 2, 1, 2)
```

注意此时没有修改mytuple，mytuple的内容依然是mytuple=(1,2)，输出的(1, 2, 1, 2, 1, 2)只不过是另一块内存里面的内容。要特别注意，元组不可以修改。

（4）sum()、max()、min()三个函数同样可以运用于元组，分别求元组的元素和、最大元素值和最小元素值，其语法格式为：

```
sum(tuplename)
```

```
                    max(tuplename)
                    min(tuplename)
```

sum()、max()、min()三个函数括号里面的内容变成了元组名称，元组里面的元素一般都是数值，如下代码所示：

```
>>> mytuple=(1,2,3,4,5,6)
>>> print(sum(mytuple))
21
>>> print(max(mytuple))
6
>>> print(min(mytuple))
1
```

（5）count()函数可以计算元素在元组中的出现次数，其语法格式如下：

```
tuplename.count(item)
```

tuplename表示元组的名称，item就是要获取的元素，count()函数是精确匹配，即不能是元素值的一部分，最后得到item在元组中出现的次数。

```
>>> tuple = (1,1,2,3,4,1)
>>> tuple.count(1)
3
```

（6）index()函数可以返回元素在元组中首次出现的位置，其语法格式为：

```
tuplename.index(item,start,end)
```

tuplename表示元组的名称，item就是查找的内容。start和end两个变量参数表示元组tuplename查找的范围，不写的话，就是默认在整个元组中查找。注意index()函数括号里面查找的元素必须得在元组中，否则会抛出异常。如下代码所示：

```
>>> mytuple=(1,2,1,4,15,7,1,10,14,5)
>>> mytuple.index(1)
0
>>> mytuple.index(1,5,9)
6
>>> mytuple.index(0)
Traceback (most recent call last):
    File "<pyshell#3>", line 1, in <module>
```

mytuple.index(0)

ValueError: tuple.index(x): x not in tuple

（7）in关键字检查某元素是否是元组的成员，其语法格式为：

item in tuplename

item就是要查找的元素，tuplename表示元组的名称。如果item是tuplename的某一个元素，将返回True，否则返回False。如下代码所示：

```
>>> mytuple=(1,2,4,5,10,0,4,7)
>>> print(1 in mytuple)
True
>>> print(8 in mytuple)
False
>>> print(8 not in mytuple)
True
```

not in关键字也是运用于检查某个元素是否在元组中，如果没有在元组中，返回True，否则返回False。

因为不可以修改元组的元素，所以元组是不可以使用sort()函数和reverse()函数来实现排序的。元组可以说是列表数据的一种补充，数据的不可修改性在程序设计中也是非常重要的。例如，当需要将数据作为参数传递给API，但不希望API修改参数时，就可以传递一个元组类型；当需要定义一组Key时，也可以采用元组类型。因此可以说元组和列表是互为补充的数据类型。

7.4 本章小结

本章我们开始接触复杂的数据结构，如果你看不懂本书前面某些内容，相信学习完这一章或许就明白了，程序设计知识点繁多，它们互相关联。如果遇到不明白的地方，希望你能暂且放一放，在后面章节会详细讲到。本章的列表和元组包含的函数非常多，希望大家多加练习，自然而然就会熟悉函数的运用。

第8章　字典和集合

上一章我们学习了复杂的数据结构：列表和元组，它们包含了很多操作函数。本章我们继续学习另外两种复杂的数据结构：字典和集合。在某些问题解决过程中，字典和集合能够方便我们编写代码。

8.1　字典

通过上一章的学习，我们知道列表和元组都是有序的，每个元素在列表和元组中都是有对应的索引值，所以访问列表和元组里面具体的某一个元素，可以通过索引值来访问。在Python语言中，还有一种数据结构类型叫作"字典"，它跟列表和元组的区别在于它的元素是无序的，所以没有办法通过索引值来访问字典里面具体的某一个元素，同时字典的元素跟列表和元组的元素表现形式大有不同，列表和元组的元素只有一个，但是字典的元素是这种表现形式key:value，也即是通过"键值对"的方式表示字典的一个元素，中间用冒号将key和value隔开，前面那个key是键，后面那个value是值，元素之间用逗号隔开，例如：

mydict={"xue":"学", "shan":"山", "ri":"日", "shui":"水"}

从上面我们可以看到该mydict字典有四个元素，所有元素都放在一对大括号"{}"里面。这就好比我们想要查找某一个字的含义一样，不可能从《新华字典》的第一页按顺序查找下去吧，这样很费时又是很愚蠢的方法。我们要做的是把拼音和汉字关联起来，通过音节表可以快速找到所对应的汉字的释义，这样就可以很快翻到所对应的那一页。

8.1.1 字典的创建和删除

（1）字典的创建。

创建字典时，所有元素都包含两个部分"键"和"值"，元素与元素之间用逗号隔开，所有元素都放在一对大括号里面，其格式如下：

dictname={key1:value1, key2:value2, key3:value3, key4:value4, …}

字典元素的数量没有限制，dictname表示字典的名称，keyi表示键，valuei表示值。注意字典里面的键keyi必须是不可修改的，且是唯一的，不能出现相同，而值valuei并没有要求唯一，可以出现相同。如下代码所示：

```
>>> mydict={"电灯":50,"冰箱":1500,"洗衣机":2300,"煤气炉":2300}
>>> print(mydict)
{'电灯': 50, '冰箱': 1500, '洗衣机': 2300, '煤气炉': 2300}
>>> mydict={"电灯":50,"冰箱":1500,"洗衣机":2300,"煤气炉":2300,"电灯":100}
>>> print(mydict)
{'电灯': 100, '冰箱': 1500, '洗衣机': 2300, '煤气炉': 2300}
```

在上面代码中，定义了一个字典叫作mydict，里面元素存储了家用电器所对应的价格，在第一行代码中，我们发现洗衣机和煤气炉的价格一样，都是2300，说明字典的值可以相同。在第三行代码中，我们发现家用电器中有两个电灯，它们的价格不一样。虽然这样定义，Python没有报错，但是当我们输出mydict字典的时候，发现只输出一个电灯的价格，而且是后一个电灯的价格，这说明字典的键不能相同，如果出现两次，则后一个键的值会覆盖掉前一个键的值。

在讲解创建列表的时候，我们用到list()函数，在讲解创建元组的时候，我们用到tuple()函数，同样，在创建字典时，可以用到dict()函数来实现，其语法格式如下：

dictname=dict(key1=value1,key2=value2,…,keyn=valuen)

dictname表示字典的名称，keyi表示元素的键，不可以出现相同的键，且不可以改变，所以只能是字符串、数字和元组，不可以是列表，因为从前面的学习中我们知道列表里面的元素可以进行修改。valuei表示元素的值。如下代码所示：

```
>>> mydict=dict(电灯=100,冰箱=1500,洗衣机=2300,煤气炉=2300)
>>> print(mydict)
{'电灯': 100, '冰箱': 1500, '洗衣机': 2300, '煤气炉': 2300}
```

注意不能写成：

mydict=dict("电灯"=100,"冰箱"=1500,"洗衣机"=2300,"煤气炉"=2300)

dict()函数可以接受一个序列，注意只能是一个序列，不可以是多个。所以dict()函数里面可以放元组或者列表。如下代码所示：

```
>>> mydict=dict((("电灯",100),("冰箱",1500),("洗衣机",2300),("煤气炉",2300)))
>>> print(mydict)
{'电灯': 100, '冰箱': 1500, '洗衣机': 2300, '煤气炉': 2300}
>>> mydict=dict([("电灯",100),("冰箱",1500),("洗衣机",2300),("煤气炉",2300)])
>>> print(mydict)
{'电灯': 100, '冰箱': 1500, '洗衣机': 2300, '煤气炉': 2300}
```

dict()函数接受一个序列，里面包含很多括号，需要厘清它们之间嵌套的关系。我们详细讲解上面第一行代码，即：

mydict=dict((("电灯",100),("冰箱",1500),("洗衣机",2300),("煤气炉",2300)))

首先dict()函数包含了一个元组(("电灯",100),("冰箱",1500),("洗衣机",2300),("煤气炉",2300))，这个元组又包含了四个小元组作为它的元素，分别是("电灯",100)、("冰箱",1500)、("洗衣机",2300)、("煤气炉",2300)，而这四个小元组里面分别又包含了两个元素。

上面演示的字典的键和值都是简单的数据类型，下面演示一个复杂的字典例子，即字典的键可以是字符串、数字和元组类型，字典的值可以是字符串、数字、元组、列表类型。

```
>>> jiajutuple=("桌子","椅子","沙发")
>>> pepletuple=("父亲","母亲","我")
>>> dianqidict={"电灯":100,"冰箱":1500,"洗衣机":2300,"煤气炉":2300}
>>> home={1024:"家里门牌号","家电":dianqidict,pepletuple:"家庭成员","家具":jiajutuple}
>>> print(home)
{1024: '家里门牌号', '家电': {'电灯': 100, '冰箱': 1500, '洗衣机': 2300, '煤气炉': 2300}, ('父亲', '母亲', '我'): '家庭成员', '家具': ('桌子', '椅子', '沙发')}
```

要注意，字典的键不可以是列表，如果是列表将会报错。虽然字典里面的键和值可以再嵌套一些复杂的类型，但还是建议不要这么做，因为越复杂，就越容易出错，而且代码可读性不强。

（2）删除字典。

删除字典跟删除列表和元组一样，用del语句就可以删除整个字典。其语法格式如下：

```
del dictname
```

dictname是字典名称。我们平时很少用到这条语句，因为Python语言自带垃圾回收机制。

8.1.2　字典元素的访问

（1）通过"键值对"方式访问字典元素。

在Python中，如果要访问字典里面的所有元素，直接用print(dictname)语句就可以输出整个字典的信息，dictname表示字典的名称。很多时候，我们并不需要输出字典的所有内容，而是输出具体某一个元素。要注意，字典里面的元素是无序的，所以不可以像列表和元组那样通过索引值的方法访问到具体哪个元素，在字典中，它是根据键的内容查找到所对应的值。如下代码所示：

```
>>> mydict={"xue":"学", "shan":"山", "ri":"日", "shui":"水"}
>>> print(mydict["shui"])
水
```

在上面代码中，我们通过键"shui"找到所对应的值"水"，所用的方法就是字典名称加上中括号来实现的。注意使用该方法输出键所对应的值的时候，键必须在字典中是存在的，否则将会抛出错误。但当我们编写程序的时候，并不总能记住字典里面到底有哪些键，为了防止这种情况出现，可以用到if语句先判断，如果确实存在在字典中，才输出所对应的值。如下代码所示：

```
mydict={"xue":"学", "shan":"山", "ri":"日", "shui":"水"}
if "huo" in mydict:
    print(mydict["huo"])
else:
    print("没有")
```

上面的例子是通过if语句先判断某一个键是否在字典中，如果有的话，才输出对应的值，没有就输出提示信息。在Python语言中，还可用get()函数来解决这样的问题，其语法格式如下：

```
dictname.get(key[,default])
```

dictname表示字典名称，get()函数可以接受一个参数或者两个参数，其中第一个参数key就是我们要查找的键，希望获取它所对应的值，这个参数是必需的。第二个参数用中括号括起来，表示第二个参数可有可没。当有第二个参数，在字典中查找key的时候，如果没有查找到，将以第二个参数作为代替值输出。如下代码所示：

```
>>> mydict={"xue":"学", "shan":"山", "ri":"日", "shui":"水"}
>>> mydict.get("xue","没有找到")
'学'
>>> mydict.get("huo","没有找到")
'没有找到'
```

与通过if语句来判断相比，这条语句显得更加简单，这体现了Python的设计哲学——"优雅""明确""简单"。

（2）通过for语句遍历字典。

在Python程序设计中，我们可以使用for…in…循环语句遍历字典所有的元素。由于字典元素包含了键和值，所以在遍历字典的时候，就有三种情况：获取字典的所有"键值对"，只获取字典的所有"键"，只获取字典的所有"值"，它们分别对应着如下三条语句：

```
dictname.items()
dictname.keys()
dictname.values()
```

dictname表示字典名称，这三个函数括号里面的内容都为空，不需要任何内容。dictname.items()获取字典的所有"键值对"，dictname.keys()获取字典的所有"键"，dictname.values()获取字典的所有"值"。具体应用请看下面的代码：

```
mydict={"xue":"学", "shan":"山", "ri":"日", "shui":"水"}
print("=====现在输出所有键值对=====")
for key,value in mydict.items():
    print("key:",key,"value:",value)
print("=====现在输出所有键=====")
for key in mydict.keys():
    print("onlykey:",key)
print("=====现在输出所有值=====")
for value in mydict.values():
```

print("onlyvalue:",value)

运行上面的代码，可以看到如下结果：

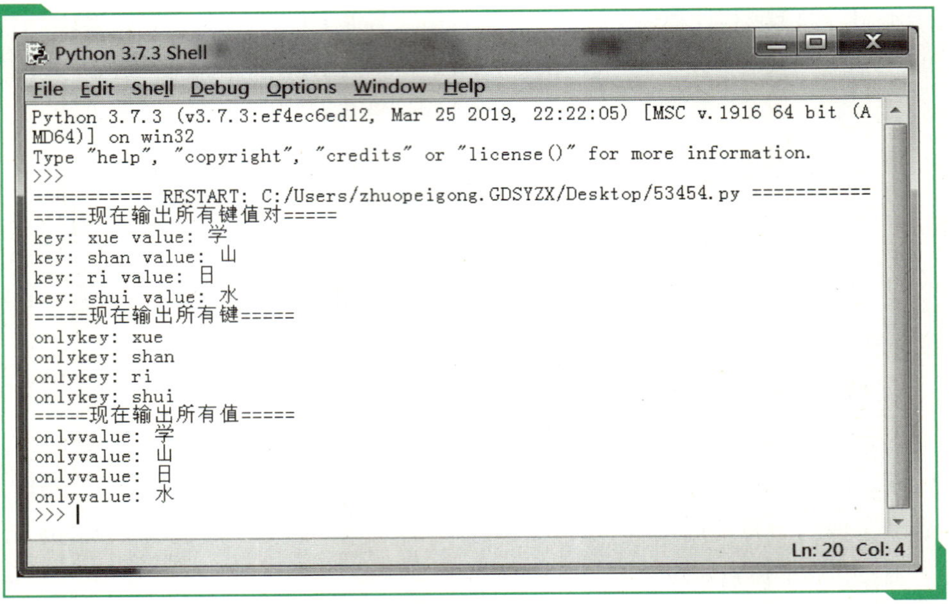

▲ 图8-1

8.1.3　字典元素的添加、修改和删除

由于字典是可变的序列，所以我们可以像列表一样对其进行添加元素、修改元素、删除元素。

字典的添加元素和修改元素不需要借助某个函数，给字典添加元素和修改元素可以用如下语句：

dictname[key]=value

dictname是字典名称，key是键，value是值，如果该字典中没有这个键，那么这条语句就是向dictname这个字典添加key和value这对键值对，如果之前存在这个键，那么就修改这个键所对应的值，完成元素的修改操作。如下代码所示：

```
mydict={"xue":"学", "shan":"山", "ri":"日", "shui":"水"}
mydict["huo"]="火"
print(mydict)
mydict["xue"]="雪"
```

print(mydict)

运行上面代码，输入如下结果：

{'xue': '学', 'shan': '山', 'ri': '日', 'shui': '水', 'huo': '火'}

{'xue': '雪', 'shan': '山', 'ri': '日', 'shui': '水', 'huo': '火'}

可以看得出dictname[key]=value这条语句既可以添加元素，又可以修改元素。向字典添加元素还可以用update()函数，不过这个函数不是向字典逐一添加元素，而是把另一个字典的所有元素添加到这个字典中，其语法格式如下：

dictname1.update(dictname2)

dictname1和dictname2分别表示字典名称，这条语句的意思就是把dictname2里面的所有元素添加到dictname1中，对dictname1字典进行修改，而dictname2并没有任何改变。如下代码所示：

mydict={"xue":"学","shan":"山", "ri":"日","shui":"水"}

yourdict={"xue":"雪","huo":"火","tian":"天"}

mydict.update(yourdict)

print(mydict)

print(yourdict)

运行上面的代码，结果如下：

{'xue': '雪', 'shan': '山', 'ri': '日', 'shui': '水', 'huo': '火', 'tian': '天'}

{'xue': '雪', 'huo': '火', 'tian': '天'}

可以看到，如果第二个字典存在某一个键与第一个字典相同，将会覆盖掉第一个字典中该键的值。

如果想删除某一个字典的元素，我们可以用如下语句：

del dictname[key]

dictname表示字典名称，key表示在字典里面的某一个键，要保证用这条语句之前，这个键必须在字典中存在，如果尝试删除字典中本来就不存在的某一个键，将会抛出错误。

>>> mydict={"xue":"学","shan":"山","ri":"日","shui":"水"}

>>> del mydict["xue"]

>>> print(mydict)

{'shan': '山', 'ri': '日', 'shui': '水'}

>>> del mydict["xue"]

Traceback (most recent call last):

```
      File "<pyshell#4>", line 1, in <module>
          del mydict["xue"]
    KeyError: 'xue'
```

我们还可以用clear()函数来删除字典里面的元素。如下代码所示：

```
      >>> mydict={"xue":"学","shan":"山", "ri":"日","shui":"水"}
      >>> mydict.clear()
      >>> print(mydict)
      {}
```

注意clear()函数只是清空字典所有的元素，字典还是依然存在的。如果想真正删除字典，可以用del dictname语句来实现。如下代码所示：

```
      >>> del mydict
      >>> print(mydict)
      Traceback (most recent call last):
        File "<pyshell#9>", line 1, in <module>
          print(mydict)
      NameError: name 'mydict' is not defined
```

此时提示已经没有mydict这个定义了。

8.2　集合

"集合"一词跟我们日常熟悉的"整体""一类"等词语相似。在高中数学中，集合的概念是把一些能够确定的不同的对象看成一个整体，即这个整体是由这些对象的全体构成的。Python语言中的集合与数学的集合概念差不多，里面的元素是没有顺序的，且里面的元素都是唯一的，即同一个集合不能出现两个相同的元素。Python语言规定集合用大括号表示，与字典一样，但是它里面的元素并不像字典那样是通过"键值对"来表示，反而跟列表和元组的元素一样，只包含一个值。

8.2.1　集合的创建

集合的创建有三种方法，下面的例子中，前两种创建的集合是可变的，即可对集合里面的元素进行增加、删除等操作，最后一种创建的集合，是不可变的集合，不能对其进行修改，有点类似于元组。

$$setname=\{data1, date2, data3, \cdots, datan\}$$

$$setname=set(sequencedata)$$

$$setname=frozenset(sequencedata)$$

setname表示集合的名称。在第一种创建方法中，data1，data2，…，datan表示集合中的元素。注意在创建集合空集的时候，不能用第一种方法，想一想，为什么？下面的代码演示用第一种方法创建集合：

```
>>> myset={1,2,3,4,0,1,2,7,8}
>>> print(myset)
{0, 1, 2, 3, 4, 7, 8}
>>> errorset={}
>>> type(errorset)
<class 'dict'>
```

我们可以看到集合会自动过滤掉重复的元素，只保留其中一个，保证集合里面元素唯一。type()函数的作用是返回它括号里面元素的数据类型，我们可以看到errorset返回的类型是字典，而不是集合类型。如果要创建空集合，那就要用到第二种方法setname=set(sequencedata)，set()函数括号的内容可以是列表、元组、range对象等。如下代码所示：

```
>>> myset=set([1,2,3,4,0,7,8])
>>> print(myset)
{0, 1, 2, 3, 4, 7, 8}
>>> myset=set("i love python")
>>> print(myset)
{'e', 'v', 'p', 't', 'n', 'l', 'o', ' ', 'h', 'i', 'y'}
>>> myset=set(("i love python",))
>>> print(myset)
{'i love python'}
>>> rightset=set()
>>> type(rightset)
<class 'set'>
```

在上面的第一行代码中，set()函数把列表[1,2,3,4,0,7,8]转化为集合，在第四行代码中，set()函数把字符串中每一个字符拆成一个个元素，并去掉相同的字符，如空格和字母o，再转化为集合。要注意第七行代码，set()函数里面的("i love python",)，括号里面的逗号不能省略。创建元组的时候，当只有一个元素的时候，需要保留逗号，这一点我们在上一章已经学习过。第十行代码才是创建空集合的做法，返回类型为集合。

有时候，我们希望集合里面的元素不能改变，就像元组一样，那么在创建集合的时候就可以用到上面的第三种方法setname=frozenset(sequencedata)。其用法与第二种方法类似，但是不可以对它里面的元素进行修改，如果强行修改，将会抛出错误。

```
>>> myset=frozenset({1,2,3,4,5,6})
>>> myset.add(7)
Traceback (most recent call last):
    File "<pyshell#7>", line 1, in <module>
        myset.add(7)
AttributeError: 'frozenset' object has no attribute 'add'
```

add()函数就是向集合里面添加新元素，后面的章节我们会学习这个函数。

8.2.2　集合元素的访问

由于集合元素是无序的，我们不能通过索引值来访问，同时集合里面的元素也不像字典可以通过"键值对"的方式访问，但由于集合是序列中的一种，所以它可以用in或not in的方式判断一个元素是否在集合中。

```
>>> myset=set([1,2,3,4,0,7,8])
>>> 0 in myset
True
>>> 5 in myset
False
>>> 5 not in myset
True
```

我们还可以通过for语句遍历整个集合：

```
>>> myset=set([1,2,3,4,0,7,8])
>>> for data in myset:
        print(data,end=' ')
0 1 2 3 4 7 8
```

8.2.3 集合元素的添加和删除

注意8.2.3标题，这里并没有包括集合元素的修改操作，如果想实现修改操作也不难，就是先执行删除操作，把集合某一个元素的值删除，再添加一个新的元素。使用add()函数可以为集合添加元素，使用remove()函数可以删除集合已知的元素。两者的语法格式如下：

setname.add(data)

setname.remove(data)

setname表示集合的名称，两个函数括号里面的data就是要添加或者要删除的元素。如下代码所示：

```
>>> myset=set([1,2,3,4,5,6])
>>> myset.add(7)
>>> print(myset)
{1, 2, 3, 4, 5, 6, 7}
>>> myset.remove(6)
>>> print(myset)
{1, 2, 3, 4, 5, 7}
>>> myset.remove(8)
Traceback (most recent call last):
    File "<pyshell#5>", line 1, in <module>
        myset.remove(8)
KeyError: 8
```

8.2.4 集合上的运算

Python语言中集合的运算跟数学中集合的并集、交集、差集运算是一致的。所谓交集，指的是两个集合的所有公共元素构成的一个新集合，例如已知A集合里面的元素有{1,2,3,4,5}，B集合里面的元素有{3,4,5,6,8}，那么它们的交集为{3,4,5}。所谓并集，就是两个集合的所有元素构成的一个新的集合，例如已知A集合里面的元素有{1,3,5}，B集合里面的元素有{2,3,4,6}，则它们的并集为{1,2,3,4,5,6}。所谓A-B的差集，指的是由所有属于A且不属于B的元素组成的集合。例如已知A集合里面的元素有{1,2,3,4,5}，B集合里面的元素有{3,4,5,6,8}，则A集合减B集合的差集为{1,2}。

在Python语言中，进行交集运算时使用"&"符号，进行并集运算时使用"|"符号，进行差集运算时使用"-"符号，如下代码所示：

```
>>> A={1,2,3,4,5}
>>> B={3,4,5,6,8}
>>> print(A&B)
{3, 4, 5}
>>> print(A|B)
{1, 2, 3, 4, 5, 6, 8}
>>> print(A-B)
{1, 2}
```

8.2.5　集合上的常用操作

由于集合是序列，所以它拥有序列的一些操作方法，如表8-1所示。

表8-1

len()	返回集合的长度（元素个数）
max()	返回集合中的最大项
min()	返回集合中的最小项
sum()	返回集合的所有元素之和

8.3　本章小结

至此，我们学习了Python语言的四种复杂数据结构：列表、元组、字典和集合，这四种数据结构的功能之所以这么强大，是因为自带了很多处理函数，使我们在处理某些问题的时候能够得心应手。要记住这么多函数不是一件容易的事，希望大家多实践，遇到不明白的可以再复习这两章知识，下一章我们将详细学习什么叫作函数。

第9章 函数

在前面的学习中，我们已经接触过了函数。例如，在讲解列表、元组和集合时，我们就用过max()、min()、sum()和len()等函数，这些函数都是Python语言的内置函数。在程序设计里的函数指的是完成程序某项功能的程序段。与我们高中数学课学到的函数是不同概念。

对于Python的内置函数，我们并不需要去关注它们内部是怎么实现的，只需要知道这些函数有什么功能，当我们需要某项功能的时候，调用它就行。

9.1 自定义函数

Python语言中除了内置的函数外，我们还可以编写出属于自己的函数，实现自定义函数的功能。通过自定义函数，可以大大提高编写程序的效率，因为在某些程序中，我们会发现一些具有相似功能的程序段在程序的不同位置反复出现。我们可以将这些重复出现的程序段抽出来，单独编写成为函数，进行模块化程序设计。这样，在程序中我们就可以多次调用这些函数来完成特定的功能，而不必重复地复制粘贴代码。另外，在模块化程序设计过程中，我们也可以将一个大程序按照功能划分为若干个小程序模块，每个小程序模块完成一个确定的功能，把这些小程序模块写成函数，通过函数的互相协作完成整个大程序的功能，这样可以使得程序结构更加清晰，更容易维护。

9.1.1 创建函数

在使用自定义函数之前，我们必须先创建函数，自定义函数的功能。使用关键字def可以定义一个函数，其语法格式如下：

```
def functionname([参数列表]):
    <函数体>
    [ return  返回值]
```

functionname表示函数名称，括号里面的内容为函数的参数，用中括号括起来，表示参数不是必需的。注意，中括号不是表示列表数据类型。如果函数有多个参数，参数之间用逗号隔开。<函数体>就是自己编写的程序，即函数被调用时，将执行的功能代码。"return 返回值"放在中括号中，也表示不是必需的。所以得出函数可以没有参数，也可以没有返回值。

注意属于函数体的代码都是缩进的，如果没有缩进的话，说明该代码不属于函数体。如果单独运行上面的代码，将不显示任何内容，因为我们还没有调用它。现在只不过是创建它，还没有使用它。

在定义函数的时候，如果我们不知道函数里面的函数体要具体写什么，可以用到pass空语句，表示不做任何事情，以后需要可以再编写具体的程序代码，有了这条pass语句，方便我们在程序设计的时候调试程序和运行程序。例如下面定义了一个meptyfunc()函数，没有带参数和返回值，里面的函数体是pass语句，不执行任何内容。

```
def meptyfunc():
    pass
```

9.1.2　调用自定义函数

调用自定义函数就是使用函数，调用之后将执行自定义函数体的代码。调用函数的语法格式如下：

```
functionname([参数列表])
```

functionname表示函数名，括号里面放的是参数。中括号表示该参数不是必需的，具体要看我们创建的函数，如果有参数，在调用函数的时候就需要传递参数给它。如下代码所示：

```
def myfunction(string):
    print("--------")
    print(string)
    print("--------")
string1="我是一名Python菜鸟"
```

```
myfunction(string1)
string2="但我很喜欢学习Python"
myfunction(string2)
```

上面的代码定义了函数myfunction，它有一个参数叫作string，接受函数外面传给它的值，函数体有三条语句，分别是print("--------")、print(string)和print("--------")。string1="我是一名Python菜鸟"语句不属于函数myfunction，因为它没有缩进。创建了函数之后，方可使用它。第六行代码myfunction(string1)，调用了前面刚刚定义的函数，此时把string1的值"我是一名Python菜鸟"赋值给string变量，执行myfunction函数体，第八行代码也是一样，调用myfunction函数，把string2的值"但我很喜欢学习Python"赋值给string，继续执行myfunction函数体。运行上面代码如下：

```
--------

我是一名Python菜鸟

--------

--------

但我很喜欢学习Python

--------
```

9.2 函数的参数

9.2.1 实参和形参

参数是函数的重要组成部分，能不能运用好函数，关键看能不能掌握好函数的参数。在Python语言中，函数的参数有两种：形式参数和实际参数，简称为形参和实参。形参就是创建函数时，函数名后面括号里面的变量，这些变量都称为形参，它的作用是接受外面传递过来的值。而实参就是调用函数时，我们传递给函数名后面括号中的变量，这些变量都是具有某一个值的参数。例如上面代码中：

```
def myfunction(string):  ──────→  string是形参
    print("--------")
    print(string)
    print("--------")
```

```
string1="我是一名Python菜鸟"
myfunction(string1) ———————————→ string1是实参
string2="但我很喜欢学习Python"
myfunction(string2) ———————————→ string2是实参
```

9.2.2　函数参数数量和顺序的要求

调用函数时，一般要求实参的数量一定要与创建函数的形参数量一致，在传递值的同时，每一个实参的顺序也要与形参一致，否则会出错。

```
def jisuan(string,a,b):
    if string=="+":
        print(a+b)
    if string=="-":
        print(a-b)
    if string=="*":
        print(a*b)
    if string=="/":
        if b!=0:
            print(a/b)
firstnumber=int(input("请输入一个值"))
ch=str(input("请输入一个运算符号"))
secondnumber=int(input("请输入一个值"))
jisuan(ch,firstnumber,secondnumber)
```

例如上面代码，定义了一个jisuan的函数，先判断string参数的值，再决定执行加减乘除哪一个操作。它需要三个参数，三个参数的顺序是先接受一个字符串，再接受两个数值，所以上面的代码是正确的。如果在调用函数的时候是用jisuan(firstnumber,ch,secondnumber)将会抛出错误，原因是实参的顺序没有与定义函数的形参顺序一致，又或者是调用函数只传递两个实参，例如jisuan(firstnumber,secondnumber)，这些都会抛出错误。

当然，有时候允许调用函数的实参与创建函数的形参顺序可以不一致，但必须要用到关键字参数。所谓关键字参数，指的是在调用函数的过程中，函数名后面括号的参数，需要通过形参的名字来确定输入的参数值，这样我们就可以摆脱记住参数顺序的麻烦。如下代码所示，运用了关键字参数来调用上面创

建的jisuan()函数:

```
firstnumber=int(input("请输入一个值"))
ch=str(input("请输入一个运算符号"))
secondnumber=int(input("请输入一个值"))
jisuan(a=firstnumber,string=ch,b=secondnumber)
```

运行上面的代码，程序结果如下:

```
请输入一个值2
请输入一个运算符号+
请输入一个值3
5
```

既然实参与形参运用关键字方法可以顺序不一致，那么有没有方法使得实参与形参数量不一致呢? 同样是有办法的——默认参数。在创建函数的时候，我们可以指定某些参数的默认值，这样，当在调用函数但没有传入这些参数的值时，则程序直接使用定义函数时设置的默认值。例如下面我们重新定义的jisuan()函数:

```
def jisuan2(b,a,string="+"):
    if string=="+":
        print(a+b)
    if string=="-":
        print(a-b)
    if string=="*":
        print(a*b)
    if string=="/":
        if b!=0:
            print(a/b)
firstnumber=int(input("请输入一个值"))
secondnumber=int(input("请输入一个值"))
jisuan2(firstnumber,secondnumber)
```

定义的jisuan2()函数有三个参数，其中string参数有默认值，在调用jisuan2()函数时，只传递了两个值，两个值的运算将采取默认的"+"运算，运行结果如下:

请输入一个值5

请输入一个值3

8

注意，在创建函数时，如果有一些形参有默认值，有一些参数没有默认认值，就要把有默认值的形参通通放在后面，同时，在调用的时候，还要注意实参与形参的顺序，例如上面的jisuan2()函数，调用的时候不可以是jisuan2(0,2,"/")，因为这样的话没有输出结果，但要是jisuan2(2,0,"/")，输出答案为0。

9.2.3　参数按值传递和按地址引用传递

在Python语言中，函数的实参传递给形参有两种方式：按值传递参数和按地址引用传递参数，两者的方式大有不同，在实际运用中要注意区别。

按值传递参数，是把实参的值赋值给形参，此时实参和形参的变量的值是一样的，但是两者在计算机的内存地址是不一样的，在函数内部对形参进行修改，并不会影响实参的值。在Python中，如果把数值类型或者字符串类型作为参数，将默认为按值传递，如下代码所示：

```
def test(fruitname,price):
    print("函数内部没有修改前的消息：",fruitname,":",price)
    fruitname="水果价格"
    price="100"
    print("函数内部修改后的消息：",fruitname,":",price)
fname=input("请输入一种水果的名字")
jiage=int(input("请输入该种水果的价格"))
print("调用函数前的消息：",fname,":",jiage)
test(fname,jiage)
print("调用函数后的消息：",fname,":",jiage)
```

程序运行之后，我们首先输入"苹果"，接着输入该水果的价格"5"元，在调用test()函数之前，先输出刚才输入的结果。在执行test(fname,jiage)这条语句的时候，fname把值赋值给fruitname，jiage把值赋值给price，调用test()函数，执行函数体，在还没有修改fruitname和price之前，输出它们的值，接着修改它们的值，并输出它们修改后的值。函数体执行完毕之后，再输出一次实参的值，整个程序执行结果如下：

请输入一种水果的名字 苹果

请输入该种水果的价格 5

调用函数前的消息： 苹果：5

函数内部没有修改前的消息： 苹果：5

函数内部修改后的消息： 水果价格：100

调用函数后的消息： 苹果：5

可以看到函数内部修改形参的值，并不会影响实参的值。在这个例子中，实参和形参名字不一样，要是实参和形参命名一样呢？如下代码所示：

```
def test(fruitname,price):
    print("函数内部没有修改前的消息： ",fruitname,
    ":",price)
    fruitname="水果价格"
    price="100"
    print("函数内部修改后的消息： ",fruitname,":",price)
fruitname=input("请输入一种水果的名字 ")
price=int(input("请输入该种水果的价格 "))
print("调用函数前的消息： ",fruitname,":",price)
test(fruitname,price)
print("调用函数后的消息： ",fruitname,":",price)
```

运行的结果如下：

请输入一种水果的名字 榴莲

请输入该种水果的价格 20

调用函数前的消息： 榴莲：20

函数内部没有修改前的消息： 榴莲：20

函数内部修改后的消息： 水果价格：100

调用函数后的消息： 榴莲：20

可以看到不管你怎么命名，都是按值传递，上面的代码虽然实参fruitname和price与函数定义的形参命名一样，但是依然修改不了实参的值，原因是函数的形参fruitname和price另外申请了内存，在计算机中，存在两个fruitname和两个price变量，但它们的内存是不一样的，这就好像现实生活中两个人姓名相同。这种在函数外和函数内存在相同名字的变量但不同内存的方式，建议初学者不要这么命名，因为很容易造成错误。

在上文如果我们把数值类型和字符串类型作为函数的参数，将以按值的方式传递。如果我们把列表、字典和集合作为函数的参数呢？这是不同的，它们将按地址引用的方式传递。所谓按地址引用可以这么理解：就是实际参数的内存在调用函数的过程中，将会多一个"小绰号"，通过实参引用这个内存与通过这个"小绰号"引用这个内存是一样的，这个"小绰号"就是形参的命名，就好比现实生活中，一个人有正式的姓名，但是大伙儿喜欢叫他"老王"，不管是叫他姓名，还是称呼他"老王"，其实指的是同一个人。所以在函数内部修改形参的值，也就是修改了实参这块内存的值。如下代码所示：

```
def test(nums):
        print("函数内部的消息 ",end=" ")
        for num in nums:
                print(num,end=" ")
        nums[1]=100
        print("\n")
number=[0,1,2,3,4]
test(number)
print(number)
```

运行上面的代码，结果如下：

```
函数内部的消息 0 1 2 3 4
函数调用后的结果：[0, 100, 2, 3, 4]
```

可以看到，在函数中修改这种按地址引用方式传递的参数，会影响实参的值。上面例子演示的是列表作为参数，其实字典和集合作为参数的方式也跟上面例子差不多，这里就不再细讲，读者可以自己去尝试。

9.2.4　可变参数

如果在创建函数的时候，不知道创建的函数需要从外面接受多少个值作为形参，就可以用到可变参数。利用可变参数，我们在调用函数的时候，实参的数量可以是任意个。

可变参数的形式有两种，分别是*params和**params。它们的区别是：第一种方式*params将把传给函数的参数打包成为一个元组，而第二种**params将把传给函数的参数打包成为一个字典。具体请看下面的运用：

```
def test(*fruit):
        print("\n我喜欢的水果：",end="")
```

```
            for item in fruit:
                print(item,end=" ")
        test("苹果")
        test("苹果","桃子","香蕉")
```

运行上面的代码，结果如下：

我喜欢的水果：苹果

我喜欢的水果：苹果 桃子 香蕉

可以看到test("苹果")和test("苹果","桃子","香蕉")两条语句传递给函数的数量不一样，但是最终这些参数都被打包成为一个元组。如果传递给test()函数的参数是列表：

```
        fruitname=["苹果","桃子","香蕉","橙子"]
        test(fruitname)
```

输出的结果如下：

我喜欢的水果：['苹果', '桃子', '香蕉', '橙子']

也就是test()函数把fruitname打包成为一个元组，这个元组是（['苹果', '桃子', '香蕉', '橙子'],），fruitname列表被作为这个元组的一个元素的值。如果想实现将列表里面的元素作为可变参数元组的元素，也就是希望打包成为这样的元组（'苹果', '桃子', '香蕉', '橙子'），可以在调用函数的时候，在列表名称前加上"*"。如下代码所示：

```
        fruitname=["苹果","桃子","香蕉","橙子"]
        test(*fruitname)
```

运行上面的代码，结果如下：

我喜欢的水果：苹果 桃子 香蕉 橙子

创建函数的参数为**params，这种方式表示接收任意多个显示赋值的实参，并将其打包为一个字典。如下代码所示：

```
        def test(**num):
            for key,value in num.items():
                print(key,"=",value)
        test(five="五")
        test(one=1,two=2,three=3,four=4)
```

运行后的结果如下：

five = 五

```
one = 1
two = 2
three = 3
four = 4
```

如果想要使用一个已经存在的字典作为这个函数的可变参数，必须得在字典名称前面加上**。如下代码所示：

```
number={"one":1,"six":6}
test(**number)
```

运行结果如下：

```
one = 1
six = 6
```

如果是这样的代码：

```
number={"one":1,"six":6}
test(number)
```

将会抛出如下错误：

```
Traceback (most recent call last):
    File "c:/我的文档/桌面/书籍/源代码/9/9.8.py", line 6, in <module>
        test(number)
TypeError: test() takes 0 positional arguments but 1 was given
```

9.3　变量的作用域

变量的作用域指的是在程序中哪些范围可以访问哪些变量。每个变量都有自己的操作范围，在程序中，不是所有的变量在程序的任何地方都可以访问它。这就好像现实生活中，某市教育局局长的权限只能管理本市的教育教学情况，超出了本市范围，他就没有这个权限了。在程序中，我们根据变量的"有效权限"，将变量分为"局部变量"和"全局变量"。

9.3.1　局部变量

局部变量指的是创建函数过程中，在函数内部创建的变量。只能在函数内部对这些变量进行访问操作，在函数外面不可以对它们进行访问，它们的"有效权限"就是在本函数里面。这些变量的生命周期就是在调用函数的时候才开始，随着调用函数结束而结束。如下代码所示：

```
def test(b):
    a=5
    print(a+b)
test(3)
print(a)
```

运行上面的代码，结果如下：

```
8
Traceback (most recent call last):
    File "c:/我的文档/桌面/书籍/源代码/9/9.9.py", line 5, in <module>
        print(a)
NameError: name 'a' is not defined
```

输出答案为8，说明调用函数没有问题，但是最后一条语句提示变量a没有定义，说明在函数外面不可以引用函数里面的变量。

9.3.2　全局变量

全局变量指的是在程序的任何地方都可以访问的变量。一般创建全局变量都是在函数外面，也就是在主程序中，这样创建的全局变量在函数内外都可以访问。

```
def test(b):
    print(a+b)
a=5
test(3)
print(a)
```

上面的代码创建了一个全局变量a，并赋值为5，调用test()函数，参数为3，赋值给局部变量b，在test()函数内部用到了全局变量a，输出它们的和，函数调用结束，局部变量b的内存释放，被Python回收。最后在主程序再次输出全局变量的值。

既然全局变量在程序的任何地方都可以访问，那么如果在函数内部存在的一个变量，它的命名与全局变量一样，会是什么情况？如下代码所示：

```
def test(b):
    a=10
    print(a+b)
a=5
test(3)
print(a)
```

运行上面的代码，结果如下：

```
13
5
```

我们可以看到主程序有一个全局变量叫作a，它的值为5，调用test()函数后，里面也有一个变量叫作a，a的值为10，输出结果为13，调用函数结束之后，回到主程序输出变量a的值，发现没有改变，依然还是5。可以看到，当出现全局变量与局部变量命名一样的时候，在函数内部优先使用局部变量，也就是说，在test()函数中，新建了一块新的内存，这个内存叫作a，它与函数外面的全局变量a是不同内存地址，虽然它们的名字是一样的，在输出a+b这个答案的时候，优先用局部变量a的值。函数调用结束之后，局部变量a的内存释放，被Python回收。

从上面的例子可以看出，在函数内部，想修改全局变量的值用一般方法是不行的。如果要实现在函数内部修改全局变量的值，必须在函数内部的全局变量前面加上global，表示此时函数内部的这个变量是全局变量。如下代码所示：

```
def test(b):
    global a
    a=10
    print(a+b)
a=5
test(3)
print(a)
```

运行上面的代码，输出结果如下：

```
13
10
```

9.4　返回值

　　创建函数的时候，我们可以定义函数是否有返回值，如果有返回值的话，那么就得在函数体的最后面写上 "return 返回值"，返回的类型可以是任意类型。如果没有写上 "return 返回值"，Python语言会默认返回None。如下代码所示：

```
def test():
    print("hello")
print(test())
```

运行上面的代码，结果如下：

```
hello
None
```

　　可以看到test()函数，虽然我们没有写 "return 返回值"，但是Python语言默认返回None。如果我们没有写 "return 返回值"，一般调用的时候可以单独占用一行；如果我们写的函数有返回值，一般调用函数就不要单独占用一行，因为返回来的值要么输出，要么参与其他运算。下面我们就来计算一个凸多边形的面积。这里用海伦公式求三角形面积。给定三角形三条边，求其面积，其公式如下：$p=(a+b+c)/2$，$S=\sqrt{p(p-a)(p-b)(p-c)}$，其中a、b、c分别是三角形的三条边。S就是求出来的面积。该公式的证明推理在这里就不详细讲解，我们只是套用该公式来求凸多边形的面积。如图9-1，给出七条边A1、A2、A3、A4、A5、A6、A7，求一个五边形的面积：

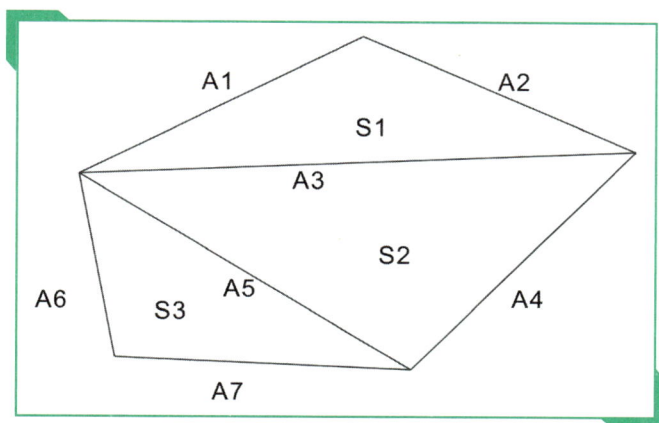

▲　图9-1

可知这个五边形的面积刚好等于S1、S2和S3三个三角形的面积之和，所以只要求出这三个三角形的面积，就可以得出五边形的面积。如下代码所示：

```python
import math
def mianji(a,b,c):
    p=(a+b+c)/2
    return math.sqrt(p*(p-a)*(p-b)*(p-c))
a1=float(input("请输入值"))
a2=float(input("请输入值"))
a3=float(input("请输入值"))
a4=float(input("请输入值"))
a5=float(input("请输入值"))
a6=float(input("请输入值"))
a7=float(input("请输入值"))
S=mianji(a1,a2,a3)+mianji(a3,a4,a5)+mianji(a5,a6,a7)
print("多边形面积为：",S)
```

由于需要求三次三角形面积，为了避免写三次海伦公式，我们把海伦公式写在函数里面，函数的参数接收外面不同三角形三条边的值，计算完之后返回三角形的面积。可以看到代码倒数第二行调用了三次函数，并让三次返回的值参与了加运算。运算结果如下：

```
请输入值2.33
请输入值2.89
请输入值4.64
请输入值3.63
请输入值5.05
请输入值3.52
请输入值2.87
多边形面积为： 15.756858675476114
```

9.5 匿名函数

有时候，在整个程序中，出现只需要调用一两次函数，而你又对函数命名感到头疼，这个时候匿名函数就可以派上用场了。匿名函数是指没有名字的函数，它不需要使用def语句来定义。采用匿名函数需要用到lambda表达式，其语法格式如下：

result=lambda 参数:计算表达式

lambda后面的参数跟函数的参数一样，接收外面传递过来的值，该参数将会参与计算表达式，result的结果为计算表达式计算出来的结果。如下代码所示：

```
def circle(r):
    return 3.14*r*r
rr=float(input("请输入一个圆的半径"))
print("圆的面积：",circle(rr))
```

我们把上面的代码用匿名函数改写如下：

```
rr=float(input("请输入一个圆的半径"))
s=lambda r:3.14*r*r
print("圆的面积：",s(rr))
```

使用lambda匿名函数可以增强程序的可读性，因为阅读普通函数经常要跳转到def创建的函数体，使用lambda匿名函数可以省去这样的步骤。

9.6 本章小结

本章我们学习了如何创建函数和调用函数，在运用函数的过程中要注意参数的运用、变量的作用域以及返回值。到现在为止，我们基本完成了Python语言语法的学习，相信大家已经初步掌握了它，并可以轻松解决一些简单的程序设计问题了。

第10章　类和对象

前面我们学习了在Python语言中用列表、元组、字典和集合等数据类型来封装、存储数据，用函数来封装、组织可能重复使用的代码。本章学习的类和对象，可以把数据和代码封装在一起。可以说，如果没有掌握Python类和对象的内容，就没有真正懂得Python语言程序设计思想。Python跟C++、Java等高级语言一样，都是面向对象的编程语言。面向对象编程在软件开发领域应用很广泛，它可以提高软件代码的重用性，解决软件后期维护性等问题，满足用户不断更新的需求。如果我们想用Python语言进行一些项目开发，就必须掌握一定的面向对象编程技术，这样才能在编程这条大路上走得更远。

10.1　面向对象的概述

10.1.1　面向对象与面向过程

面向对象这一词语是从"Object Oriented"翻译过来的。这里的"对象"并不是我们生活中所说的"相亲对象"。在编程世界里，现实世界中的任何事物都可以被称为对象，例如图10-1有五个对象，分别为一辆车、一只骆驼、三个人。

▲ 图10-1

在面向对象编程思想出现之前，面向过程编程是程序设计的主流思想。面向过程程序设计把问题看作一系列按照顺序执行的任务，而这些任务分别用不同函数来实现。在进行程序设计的过程中，解决问题的焦点集中于函数的功能，函数根据问题的具体情况完成特定的任务。

我们举一个生活例子来说明面向对象程序设计和面向过程程序设计的不同吧。相信大家都有外出旅游的经历，自由行与面向过程程序设计思想类似，因为整个旅游过程都需要我们亲自去实现，包括去哪里旅游、查找旅游攻略、查看天气预报、购买车票、预订酒店、决定旅游景点、购买景点门票等一系列的任务，这些步骤由def lvyougonglue()，def goumaichepiao()，def yudingjiudian()等函数去实现。如果我们从北京旅游回来之后，接着想去西安旅游，那么是否又要重复刚才的事情：查找旅游攻略、查看天气预报、购买车票、预订酒店、决定旅游景点、购买旅游门票等一系列的任务？西安与北京旅游流程大致一样，但是有时候根据具体情况，两者之间又略有不同，比如在购买旅游景点门票问题上，参观北京故宫的门票可以现场买，但参观西安兵马俑的门票需要在网上预约。可以看到自由行有时事情会很烦琐，需要我们亲力亲为。但是当你把旅游这件事交给旅行社就不同了，你只需告诉旅行社旅游人数、旅游时间、大概的预算、旅游地点等信息，旅行社就会安排得妥妥当当，你只需要带着愉悦的心情去旅游就可以了，我们把相对应这种方式的程序设计称为面向对象程序设计。这种面向对象的编程思想，就如同你想要去北京、西安等地旅游一样，不需要了解旅行社是怎么购买车票和门票、怎么预订酒店等细节，只要告诉旅行社你的旅游计划就可以了，让它去完成。

10.1.2　类和对象

　　客观世界的任何具体事物都可以称为对象，仔细观察这些对象，会发现某些对象存在相同的特征和行为，例如我和你都会思考、会说话、会行动，有四肢、一双眼睛、一双耳朵，还有自己的姓名，我们是人类。我们把某些存在相同特征和行为的对象归在一起，称为类。把对象划分为类的方法并不是程序设计世界独创的，生物学的分类法是生物学用来对生物的物种进行归类的办法。如图10-2所示：

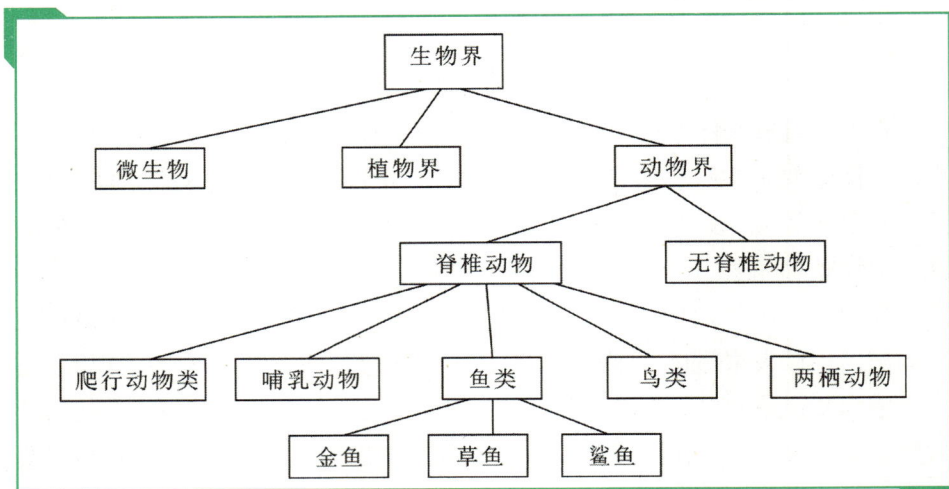

▲　图10-2

　　图10-2展示了生物的大致分类，这些都可以通过程序把它们编写成类，例如可以编写一个基类，叫作"生物界"类，代表该物种是活的，接着编写"微生物"类、"植物界"类和"动物界"类，这三个类与"生物界"类之间有从属的关系，我们把"生物界"类称为父类，"微生物"类、"植物界"类和"动物界"类称为子类。这种具有父子关系的类，存在继承的关系，就像在现实生活中，父母的财产一般会遗留给儿女。"微生物"类、"植物界"类和"动物界"继承了"生物界"类，代表了三个类都是活的物种，同样它们可以各自添加一些特征和行为，来区别于彼此。比如说"植物界"类可以从形态结构：根、茎、叶和种子等来添加自己的特征和行为，而"动物界"类可以从生

理功能添加特征和行为，这样可以区分"植物界"类和"动物界"类。从上图中我们还可以看到"动物界"类是"脊椎动物"类和"无脊椎动物"类的父类，"脊椎动物"类和"无脊椎动物"类是"动物界"类的子类，也就是说父类和子类是相对来说的，"生物界"类是"脊椎动物"类和"无脊椎动物"类的祖先。

图10-2展示的都是类，没有对象，注意"对象"指的是具体的事物。就像在现在生活中，我和你是两个对象，由于我们某些特征和行为相似，所以我们都属于"人"类，"人"类属于"哺乳动物"类，所以"人"类是"哺乳动物"类的子类。我们家养的金鱼也是对象，它们是属于"金鱼"类。可以看到，一个"类"可以有多个对象，这些对象具有"类"共有的特征和行为。对象的特征对应着静态的"属性"，对象的行为对应着动态的"方法"，我们把这些都封装在类中。例如"汽车"类，它包含了"汽车生产商""使用年限""车身颜色"和"限载人数"等静态属性，还包含了"踩油门加速""转方向盘改变方向""能挂挡倒车"等动态属性，我们把这些方法写成函数，代表"汽车"类能做的一些事情。

10.1.3　面向对象编程思想的特点

1. 封装性

利用类把一些具有相同特征的对象里面的数据和行为封装起来，对外部隐藏一些具体的实现细节，这就是封装的思想。封装性是面向对象编程的核心思想。像上面的例子，我们去旅游，把需求交给旅行社就可以了，旅行社具体怎么实现，我们不用去关心，只需要知道旅行社能提供哪些服务，懂得如何好好享受旅行社提供的服务完成愉快的旅程就可以了。

2. 继承性

子类可以继承父类及祖先的所有属性和函数，通过继承可以避免编写同样的代码。例如"鱼类"可以编写swim()函数，表示鱼可以在水里游走，只要"金鱼"类、"草鱼"类和"鲨鱼"类继承"鱼类"，就可以不用再编写swim()函数了，它们的对象都可以用到swim()函数。

3. 多态性

多态性是指相同的函数作用于多种类型的对象上并获得不同的结果。不同的对象，收到同一消息可以产生不同的结果，这种现象称为多态性。例如，我和你都是属于"人"类，我们俩是两个不同个体的对象，"人"类中有

getname()函数可以用来获取对象的姓名，通过调用"我"和"你"这两个对象的getname()函数就可以获得我们不同的姓名，这就是多态性结构。

10.2 类和对象的使用

10.2.1 创建类

在使用对象之前，必须得有对象所属的类，我们来创建类的定义。在Python语言中，类的创建用class来定义，其语法格式如下：

```
class ClassName:
    #类对象属性和函数的定义
```

ClassName是自己定义的类名，一般建议类名首字母大写，如果类名为两个单词以上，每个单词首字母也大写，这只是一种规范，当然你也可以按照自己的习惯命名。类的对象的属性定义和函数定义都通过缩进的方式被包含在类中。例如下面我们创建一个"球"类，代码如下：

```
class Ball:
    def move(self):
        print("I am moving")
```

"球"类里面只有move()函数，注意move()函数要通过缩进的方式才能使"球"类对象拥有该函数，move()函数括号里面的self参数，后面我们再详细学习。

10.2.2 创建对象

创建了类之后，我们就可以创建出类的对象。这就好比现实生活中，我们在建房子之前，应设计好房子的设计图，房子设计图就犹如类。通过房子设计图，可以建造很多房子，这些房子就是对象。创建类的对象其语法格式如下：

```
ObjectName=ClassName()
```

ClassName是类名，后面紧接着括号，可以看到创建一个类的对象与调用函数差不多，最终创建的对象赋值给ObjectName，ObjectName是自己定义的对象名称。如下代码所示：

```
BallA=Ball()
```

10.2.3　访问类的成员

类的成员包括对象的方法和数据属性，上面我们创建了对象BallA，如何调用"球"类中的move()函数呢？Python语言规定，可以通过对象名加点操作符"."调用类的成员，如下代码所示：

```
BallA.move()
```

输出结果如下：

```
I am moving
```

点操作符"."可以理解成"的"意思，BallA.move()就是调用BallA对象里面的move()函数。这里演示的是调用函数，调用数据属性也是同样的道理。

10.2.4　初始化函数__init__()

创建一个类之后，当创建该类的对象时，Python会自动在后台调用__init__()函数，并执行它。如果自定义的类中没有__init__()函数，那么Python将执行空的__init__()函数。__init__()函数是一个初始化函数，每当创建一个对象的时候，Python就会自动执行。注意__init__()函数前后都有两条下划线，如果重写__init__()函数，记得要给它传递self作为参数。关于self，我们稍后讲解。例如重新定义"球"类，代码如下：

```
class Ball:
    def __init__(self):
        print("I am creating")
    def move(self):
        print("I am moving")
BallA=Ball()
```

输出结果如下：

```
I am creating
```

可以看到我们并没有调用__init__()函数，但是当我们创建Ball()对象时，Python自动调用了__init__()函数。所以__init__()函数大多用来初始化对象，比如给对象的某些属性赋值。

10.2.5　self参数的意义

Python语言规定，凡是在类中定义的函数，都必须带有self作为参数，如果该函数有多个参数，一定要把self作为第一个参数。self的中文意思是"自己"。我们知道通过类可以创建出很多对象，这些对象是怎么知道调用的数据属性是自己的呢？即通过self来确定的，前面我们将设计图纸比喻成类，按照图纸建造的房子比喻成对象，那么self就是每个房子的门牌号，我们就是通过门牌号来区分不同的房子对象。如下代码所示：

```
class Ball:
    def __init__(self,rr):
        self.r=rr
    def setr(self,dr):
        self.r=self.r+dr
BallA=Ball(10)
BallB=Ball(5)
print("BallA r is",BallA.r)
print("BallB r is",BallB.r)
BallA.setr(10)
BallB.setr(-1)
print("BallA r is",BallA.r)
print("BallB r is",BallB.r)
```

输出结果如下：

```
BallA r is 10
BallB r is 5
BallA r is 20
BallB r is 4
```

通过上面的代码可知，BallA=Ball(10)语句创建了一个BallA对象，其半径r的值为10，BallB=Ball(5)语句创建了一个BallB对象，其半径r的值为5，两个不同对象其半径r的值不同，接着它们各自调用修改函数setr()对自身的半径r的值进行修改，你会发现对象的数据属性都是各自独立、互不影响的。

10.2.6 类的数据属性

在上一小节，我们可以看到对象的数据属性是各自独立、互不影响的，有没有一种数据在各个对象之间是共享的呢？答案就是用类的数据属性。类的数据属性可以在类的所有对象之间共享，如下代码所示：

```
class Ball:
    num=0;
    def __init__(self):
        Ball.num+=1
BallA=Ball()
print(Ball.num)
BallB=Ball()
print(Ball.num)
```

输出结果如下：

```
1
2
```

在上面代码中，我们在"球"类中定义了num变量，该变量用来计算创建过的对象的数量，注意num变量没有放在类中的任何函数里面，在__init__()函数中，我们不是通过self.num来调用num，而是通过类名加点操作符"."，再加num变量名，即Ball.num对类的数据属性进行引用。创建BallA对象之后，输出Ball.num的值为1，在创建BallB对象之后，再次输出Ball.num的值，我们发现结果为2，可以看出此时Ball.num在所有对象中起到共享的作用。

10.2.7 访问限制

在10.2.5节中，我们定义了一个"球"类，该类里面有两个函数，分别是__init__(self,rr)函数和setr(self,dr)函数，每次创建一个Ball对象，都带有一个数据属性r，在外面我们可以访问这个属性，例如上例输出BallA.r和BallB.r的值，我们还调用类中的setr(self,dr)函数来修改它们的r值。其实大家有没有想过，既然能访问到BallA.r和BallB.r的值，为何不直接执行如下操作呢？

```
class Ball:
    def __init__(self,rr):
        self.r=rr
BallA=Ball(10)
BallB=Ball(5)
print("BallA r is",BallA.r)
print("BallB r is",BallB.r)
BallA.r=BallA.r+10
```

```
BallB.r=BallB.r-1
print("BallA r is",BallA.r)
print("BallB r is",BallB.r)
```

　　输出结果跟10.2.5一样，这样就不用再在类中定义setr(self,dr)函数了。其实10.2.5的例子以及本节上面的代码都违反了封装原则，类对象里面的数据应该对外面完成隐藏，即不能从外部直接访问对象的数据属性。Python语言为何要求这么苛刻呢？那是因为这样随便直接修改对象的数据属性，有时候会引发一些异常。例如，在"球"类中，可能对对象的数据属性r的值进行修改的时候，还需要处理一些收尾工作，我们把对对象的数据属性r的值进行修改连同收尾工作一起放在setr(self,dr)函数中。但如果直接修改对象的数据属性，结果会如何？如果只是简单修改对象的数据属性，没有发生其他事情，就不会完成收尾工作。为了避免这种情况，有时候我们需要对类的对象的数据属性的访问进行限制。

　　要想让类的对象的数据属性不能直接访问，只需在类中对象的数据属性名称前面加上两条下划线就可以了。如下代码所示：

```
class Ball:
    def __init__(self,rr):
        self.__r=rr
    def getr(self):
        return self.__r
    def setr(self,dr):
        self.__r=self.__r+dr
BallA=Ball(10)
print("BallA r is",BallA.r)
```

通过这种方式直接访问对象的数据属性，运行代码将会弹出如下错误：

```
Traceback (most recent call last):
    File "c:\我的文档\桌面\书籍\源代码\10\10.5.py", line 9, in <module>
        print("BallA r is",BallA.r)
AttributeError: 'Ball' object has no attribute 'r'
```

　　要想访问对象的数据属性，只能通过getr(self)方法，修改对象的数据属性，也必须通过setr(self,dr)，如下代码所示：

```
class Ball:
    def __init__(self,rr):
        self.__r=rr
    def getr(self):
        return self.__r
    def setr(self,dr):
        self.__r=self.__r+dr
BallA=Ball(10)
print("BallA r is",BallA.getr())
BallA.setr(5)
print("BallA r is",BallA.getr())
```

运行上面的代码，结果如下：

    BallA r is 10

    BallA r is 15

从上面代码可知，通过在类中对象的数据属性名称前面加上两条下划线达到了访问的限制。事实上，Python语言对类是没有完全权限控制的，也就是说其实还可以通过另一种途径直接访问类对象的数据属性，对它进行修改，方法是"对象名._类名__数据属性"，类名前面只要一条下划线，数据属性前面是两条下划线。例如我们把下面的代码紧接放在上面的代码下方：

    BallA._Ball__r=BallA._Ball__r+18

    print("BallA r is",BallA._Ball__r)

可以看到输出结果如下：

    BallA r is 33

这就要求我们要根据具体问题，知道在什么情况下从外部修改属性是安全的，如果类对象的数据属性在外部修改是允许的，那么我们依据10.2.5的方式去做就可以，如果要求类对象的数据属性不可以在外部直接修改，那就要在类对象属性前面加两条下划线以防止外部直接修改，达到对数据的保护。

10.3　继承

10.3.1　继承的语法

　　类的最大优势就是继承，通过继承，我们可以提高代码的重复利用性。在10.1.2节图10-2中，展示了生物界各种物种的分类。类似地，我们编写了一个父类的代码，在编写子类的时候，就可以通过继承的方法，达到重复利用代码的目的，提高编写代码的效率。继承的语法很简单，如下：

class ClassName(ParentClassName):

　#子类的数据属性和子类的函数方法

　　ClassName是子类的名称，ParentClassName是父类的名称，如果出现多个父类，用逗号隔开。通过这种方法，子类拥有父类的所有函数和数据属性。如下代码所示：

```
class Vertebrate:
    def eat(self):
        print("I am eating")
class Bird(Vertebrate):
    def sing(self):
        print("I am singing")
birdA=Bird()
birdA.eat()
birdA.sing()
```

　　输出结果如下：

```
I am eating

I am singing
```

　　我们定义了一个脊椎动物父类Vertebrate，里面包含了一个eat()函数，然后再定义一个子类Bird，它继承父类Vertebrate，接着创建Bird的对象，可以看到它不仅可以调用本身的sing()函数，还可以调用父类的eat()函数。要注意父类的对象不能调用子类的函数，例如下面的代码是错误的。

```
v=Vertebrate()
v.sing()
```

10.3.2　父类方法重写

有时候父类的函数方法在子类中行不通，就要在子类中重新写该函数方法，例如上例Vertebrate父类的eat()函数，我们想在子类Bird类中详细说明Bird类对象正在吃虫子，如下代码所示：

```python
class Vertebrate:
    def eat(self):
        print("I am eating")
class Bird(Vertebrate):
    def sing(self):
        print("I am singing")
    def eat(self):
        print("I am eating worms.")
birdA=Bird()
birdA.eat()
v=Vertebrate()
v.eat()
```

运行上面代码，结果如下：

```
I am eating worms.
I am eating
```

可以看到子类对象birdA调用eat()函数之后，输出的是子类重新定义的eat()函数，但是父类的对象v调用eat()函数，依然输出的是父类的eat()方法，并没有受影响。

10.3.3　__init__()方法重写

从10.2.4我们知道__init__()函数在对象创建的时候，Python语言会在后台自动执行它，就算我们在类中没有定义__init__()函数，Python语言也会执行一个空的__init__()函数。在继承上，如果父类和子类都有__init__()函数，会出现什么情况呢？

```python
class Vertebrate:
    def __init__(self,myname):
        self.name=myname
        print("I am a vertebrate")
```

```
                    def getname(self):
                            return self.name
            class Bird(Vertebrate):
                    def __init__(self):
                            print("I am a bird")
            birdA=Bird()
            print(birdA.getname())
```

运行结果如下：

```
I am a bird
Traceback (most recent call last):
    File "c:/我的文档/桌面/书籍/源代码/10/10.8.py", line 11, in <module>
        print(birdA.getname())
    File "c:/我的文档/桌面/书籍/源代码/10/10.8.py", line 6, in getname
        return self.name
AttributeError: 'Bird' object has no attribute 'name'
```

可以看到Bird类是Vertebrate类的子类，两个类都有__init__()函数，我们创建了Bird类的对象birdA，输出结果为"I am a bird"，但是为什么birdA对象调用父类的getname()函数的时候却出现问题，Python语言提示'Bird' object has no attribute 'name'，表示Bird类的对象没有这个name属性。我们可以看到当父类和子类都有__init__()函数的时候，子类会覆盖掉父类的__init__()函数，创建子类对象的时候，执行的是子类的__init__()函数，并没有执行父类的__init__()函数，所以没有输出"I am a vertebrate"，也意味着这时子类没有继承父类的name属性。要想避免这种错误，可以重新修改子类的__init__()函数，让它也调用父类的__init__()函数，修改如下：

```
            class Vertebrate:
                    def __init__(self,myname):
                            self.name=myname
                            print("I am a vertebrate")
                    def getname(self):
                            return self.name
            class Bird(Vertebrate):
                    def __init__(self,myname):
```

```
                    Vertebrate.__init__(self,myname)
                    print("I am a bird")
            birdA=Bird("Sparrow")
            print(birdA.getname())
```

这样在创建Bird类对象的时候，要记得传递一个参数给它，该参数将作为Bird对象name的值。输出的结果如下：

```
            I am a vertebrate
            I am a bird
            Sparrow
```

这种通过在子类__init__()函数中调用父类的__init__()函数方法，需要记住父类的名称，但是如果类继承好几代，有时候想找到最初的祖先名称，就不是很方便了。我们可以使用Python语言提供的super()函数，它将自动帮助我们找到每个祖先的__init__()函数，例如可以把Vertebrate.__init__(self,myname)语句修改为super().__init__(self,myname)，也能达到同样的效果。通过super()函数，当我们修改类的继承关系的时候，就不必花费太多精力去修改所有被继承的__init__()函数，大大提高编程效率。

10.4 本章小结

类和对象是面向对象程序设计的重要内容，本章在讲解类和对象知识点的过程中，通过用生活例子打比喻，有助于大家理解和掌握类和对象的知识点。借助类和对象，我们可以尝试用Python编写一些项目实例，这对于以后学习人工智能、游戏编程、Web开发等大有用处。